Wilhelm Hartung

Rieder, Peer, Jägerslüüd un Buurn

Wilhelm Hartung

Rieder, Peer, Jägerslüüd un Buurn

Ziemlich wahre Geschichten,
vergnügliche Verse und
»plattdeutsche« Zeichnungen

M. Glogau jr. Verlag
Hamburg 1

Schutzumschlag und sämtliche Bilder
vom Autoren Wilhelm Hartung

Gesamtherstellung Clausen & Bosse, Leck
ISBN 3-920384-17-2
Printed in Germany

– U –

Das Pferd
ist ein großes bösartiges Tier,
das nach beiden Seiten steil abfällt
und dem Menschen
nach dem Leben trachtet . . .

Dat is'n hoochdüütschen
Snack un gellt för hooch-
düütsche Peer.

Uns plattdüütschen Peer
sünd nich so hooch
un veel, veel beeter . . .

’n poor Wöör vörwech

Dat gifft Regeln, plattdüütsch richtich to schrieben. Ick weet dat. Ober ick heff dor nich op studeert. Un nu he’ck dat so schreeben, as’n dat snacken deiht. För »Has«, as dat richtich is, schriev ick »Hoos«, so as dat inne Cuxhobener Eck secht ward. För »he seggt« schriev ick »he secht«. Un wo wat lang is, dor sett ich twee oo’s oder twee aa’s oder twee ee’s. Ober wenn mi dat jüß in’n Kroom paßt, oder wenn’k dat vergeet, denn, je, denn do’k dat nich ... Villich treckt de plattdüütschen »Profis« jemmer Nees hoch. Ober ick glööv, bi’t Lesen gifft sick dat. Un no de tweete oder drütte Siet is se weller ünnen, de Nees. Un de Lesers markt gor nich mehr, wat dat allens verkehrt schreeben is.

Ober för all de, de dat petuh nich affkööntt, för de he’ck de Biller moolt. Und de sünd korrekt. So korrekt as de junge Hingst inne Been. Nu jüh! Sitt wiß!

Wilhelm Hartung

Wo dat to dit Book koomen is

Dat is nu all ’n poor Weeken her, door weer’k bi mien Verlegger Könnecke, Böökermooker kannst ok sengen. Wi wullen uns weller bi’n Tass Kaffe tohoopsitten un uns’n beeten wat vertellen; un dat doot wie op Platt. Wi keemen düchtich in’t Snacken öber dit un dat; ’n goode, gemütliche Stünn weer’t. Un wenn Lachen doorbi is, denn kann so’n Stünn so lang duurn, as se will. As ick denn ober doch wech wull, de Kaffekann weer ok all lang leddich, door meen he: »Sett di man noch mool dool, Willem, mi is jüß wat döör’n Kopp gohn. – Du hest doch so veel Peer moolt, kanns door nich mool wat öber schriewen; öber Peer, öber Rieder un so?«

»Minschenskind, moolen – jo, ’n ganze Hingstparood in’n halbe Stünn, – ober schriewen? Weest du eegentlich, wo swoor mi de ool oosige Schrieweree fallt, un nich eers nu!

Wenn ick as Jung för de School ’n »Aufsatz« schriewen müß, denn weer mi de ganze Dach versaut. Un wenn ick em trüchkreech, noch mool weller, un föör mien Öllern denn ok. – Nee, Erich! Dat slooch di man ut’n Kopp«, sä ick, »hest du denn keen, de dat kann. Dat Moolen doorto, jo, dat Moolen, dat is’n Klax mit de Wixböst för mi. Mann, schriewen?«

As ick denn mit de Bohn no Huus föhren dä, un ut’n Finster keek op de gröönen Wischen in Veerlannen mit Koih, Kalber, Ossen un Peer, un ok all’n poor Fohlens seech, door dach ick, ji kunnen mi seeker düchtich wat vertellen, man bloots, ick verstoh joo nich, – Un door licht de Hund begrooben.

To Huus bün ick denn an dat Schapp rangohn, wo’n Barch vun mien Peerbiller in lingen doot, un heff door mang all de Peer un de Rieder rümgrabbelt. Un doorbi kreech ick ok’n poor ganz, ganz oole Dinger inne Hannen. De harr’k all lang vergeeten. Un op düsse oolen Dinger, door weern Peer un Rieder ut de Politik op.

Nu will ick joo nich glieks, man jüß, dat ick mit mien Schrieweree anfungen bün, mit Biller ut de oosige Politik in't Gesicht hüppen. Ick heff den Schiet so'n beeten no achtern in dit Book rinstellt. Denn köönt ji düsse Sieden jo eenfach wechlooten, wenn joo door nich no is. So wichtich is de Politik jo ok weller nich. Un schöön, schöön is se all goornich ...

Un noch wat.

Eers schull dit Book so utsehn, wat wi toeers all de Geschichen, so een no de annere, affdrucken dän. Un denn achterran all de Versen un de lütten Billergeschichen, ok een no de annere.

Mann, denn hefft wi bein, de Verlegger un ick, uns dacht: Wi röhrt den ganzen Kroom eenfach döör. Un nu hefft wi twüschen de vertellten Geschichen mool hier mool door 'n Vers oder 'n lütten Streemel Biller rinsett. Op de Oort ward dat Ganze 'n beeten wat bunter.

Bi uns in de Familie is dat so, dat de, de wat vertellen schall no'n Reis oder no een Besöök oder no'n Theoter oder no'n Konzert, wat dat ok is, wenn he vertellen mutt, denn heet dat: »Fang ganz vun vöörn an!« Nu, so will ick dat man ok mooken, wenn mi dat ok swoor fallt; ick verbeester mi jümmers bi't Vertellen un – bumms! – bün'k op'n verkehrten Padd un finn nich so licht weller trüch op de Stroot, wo't langsgeiht.

Ut mien Jungstied

Door weer toeers 'n Schimmel. Ick glööv 'n Noomen hatt de goornich, wi sän bloots Schimmel to em. He güng bi Onkel Marxen, in den sien Huus wohnen wi, vör'n Rullwoogen un vörn Iiswoogen. Fröh Klock söß müß he vun de Westerwisch no Cuxhoben an'n Hoben, door harr Onkel Marxen sien Geschäft »Schiffsausrüstungen«. Mach angohn, dat den Schimmel dat Hobenmilljöh versaut hett; ober dat kummt noch nich. – Jeden Middach keem Onkel Marxen mit sien Schimmel vörn Woogen üm de Eck rüm bi uns op'n Hoff.

Un bi em luuter Deerns un Jungs, de ut de School keemen un ünnerwegens ropp op sien Woogen klattert weern. »Danke, Onkel Marxen!« Un denn weerns all weller op de Stroot un pedden to Foot wieder no Huus. Dat weer so in de twintiger Johrn »die goldenen Zwanziger«: loopen, loopen, loopen. För'n Rad weer tomools keen Geld door. Autos geev dat man'n poor, ober bloots inne Stadt. Holt stopp! Stadt geev dat ok noch nich. Cuxhoben weer noch »Flekken«.
Walter, de »junge Mann«, schirr den Schimmel ut, un mi, ick weer tomools veer, mi sett he booben ropp op den Schimmel. Ich müß mi in de Mohnen fastholen, un wi denn eerst döör't Woogenschuur blangen de groote Schüün, op'n swatten Padd hen no de Wisch. Walter nehm mi dool, de Schimmel kreech 'n Klapps op'n Steert, he hau achterrut, puup 'n poor mool un neih no de annern Peer, de all op em luurn. Wi bein trüch no Huus. Nu seet ick booben bi Walter. Up düsse Oort harr'k woll 'n düchtigen Rieder warrn kunnt. Mann, dat keem anners.

An eenen Middach, Onkel Marxen weer all in'n Huus gohn, door spann Walter den Schimmel ut. Ick stünn blangen em un keek to, wo Walter den Buukreemen losmooken dä. Op'n mool harr de Schimmel mien Arm twüschen sien grooten Tähn. Mien Verjoogen un Losbölken leet den Schimmel sienen Kopp fix no vörn dreihn, de Ohrn harr he noch anlecht. Ick wech! ›Rin in'n Huus‹, Un brüll!

Siet de Tied harr'k Schiß vör den Schimmel; ok vör annere Peer. Un siet de Tied hett de Schimmel beeten. Bi mi harr he dormit anfungen. Un siet de Tied hett he jümmers 'n Muulkorf ümhatt, wenn he vör'n Woogen güng. – Wo harr de Schimmel dat bloots her, dat Bieten? Door hefft wi tomools nich no froocht. Hüüt, jo hüüt kreech he »mildernde Umstände«, wenn he dat *nu* dä. Püschologen –, to de Tied geef dat jem noch nich. Oder doch? Marken kunns jem ober nich. De Püschologen hefft vuundooch 'n kloore Antwurt: »Hafenmilieueinflüsse!« Doorbi harr de Hoben – de vun Cuxhoben all gornich, de harr ober ok nix vun Milljöh. Vun't slechte, meen ick.

Onkel Marxen harr dree Peer: Schimmel, Liese un Franz. Liese weer swattbruun. Ick seh se noch op'n Hoff stohn, anne Vöörbeen twee groote, roode Wunnen, wied opklöövt, un Bloot sicker door rut. Se weer alleen op de Wisch ween, un dat weer ehr woll too langwielich worrn, un so sprüng se öber den hoogen Stickeldrohttuun. Dorbi harr se sick de Been opreeten. Mit witte Plünnen ümwickelt keem se 'n poor Dooch in'n Stall. – Un Franz, dat drütte Peerd, dat weer'n grooten, hochbeenigen, hellen Voß ut Holsteen. So to sengen 'n Landsmann vun Onkel Marxen, de keem ut Marne. Düsse Wallach harr sienen Kutscher Hugo, de ok Holsteener weer, so pedd, dat de in'n Krankenhuus müß. De een Holsteener pedd den annern Holsteener, un de drütte Holsteener hett dat to betohlen hatt! – Un siet de Tied he'ck ok Bang vör – nich vör Holsteener! – nee, vör Peer vun achtern. Un dat he'ck noch.

Mehr as bi uns to Huus weern wi, mien een Johr jüngern Brooder Hermann un ick, bi uns gegenööber op den lütten Hoff vun Onkel Hannes un Tante Anna Oltmann. Door hefft wi Platt snackt, Kehdinger Platt. Bi uns hefft wi ok veel Platt sprooken, ober meist doch Hoch, wi müssen jo mool inne School, un de Fibel weer Hoochdüütsch. Onkel Hannes harr sowat bi teihn, twölf Koih, 'n poor Kalber, Swien, Höhner un Oonten, un twee Peer. He leev vun de Melk. Wenn Klock söß oobens mulken worr, denn keemen de lütten Jungs un Deerns ute Grenzstroot un kööpen de Melk frisch un warm ut de Koh. Wat door öber weer, dat keem den annern Morrn mit de Fröhmelk no de Meieree in Cuxhoben.

De Peer, de harrn dat good bi Onkel Hannes. Mool vör'n Gööpel, in't Fröhjohr 'n poor Dooch vör de Slööp bi't Jüchenföhren un vör'n Meßwoogen. Bloots in de Heutied müssen se dull ran, de twee Vöß; Lotte un Hanzi. Lotte weer all öller un sinnich, se güng links. Hanzi, sööben Johr, kunn oorich loopen, ober vör'n Woogen weer he fuul. He harr meist mool'n Duhner Wattrennen wunnen: wenn de Bohn man hunnert Meter länger ween weer, denn jo. De Rieder harr em too lang trüch hollen. De Voß leep wied achtern. Ober denn! He suus ran un leep jem all vörbi. Wi Jungens no Huus: »Hanzi hett

wunnen!« Harr he ober nich – bloots den drütten Pries. Ober dat hölp nix, Onkel Hannes wull den fuulen Wallach loswarrn. Alle neeslang keem een un wull em kööpen. Onkel Hannes – veel sä he sowieso nich – meen denn bloots: »Duusend Mark.« Dat weer tomools 'n Barch, duusend Mark. Un so güngen se denn. Onkel Hannes leet nich mit sick hanneln. Bloots een, de keem jümmer weller. No »duusend Mark« dreih he denn bi, un no'n poor Dooch weer he weller door. Dat Spill duur 'n poor Weeken. He hett em kreegen, den Voß, för »neegenhunnert«.

Mien ersten Schooldach, de harr ok mit Peer to doon. An den Morrn ganz fröh kreech ick all mien best Tüüch an. Dat »Sau dich nich ein« noch inne Ohren güng ick no Onkel Hannes rööber, ick harr jo noch so veel Tied. Mit sien Vöß weer de jüß an't Meßföhren. Mien lütten Brooder seet all so as op'n Kameel booben inne Messen opn Woogen: »Wille komm rauf!« Ick ropp. Onkel Hannes steech vöörn op. »Jüh!« un los güng't. Denn trüch in'n Droow mit den leddigen Woogen. 'n Sack harrn wi ünnerlecht. Door stünn Vadder all un schimp. Ick rünner vun Onkel Hannes sien Meßwoogen un ropp op Vadder sien Rad. Denn no School. Ick stünk 'n beeten an mien eersten Schooldach. Dörteihn Johr müß ick denn hen. In de letzten Johren door stünk se, de School. Dat leech ober woll ok weller an mi ...

Wenn'n Teekner is, denn ward'n fooken froocht: Hest dat all jümmer kunnt? Un wenn'n denn ehrlich is, denn mutt'n sengen: »Kunnt is good. – Ick ööw door jümmer noch an, an dat Moolen, un ick tier mi door ok oosich mit aff, wenn ick den richtigen Dreih nich glieks rutkriech, un fooken kriech ick den Dreih ok *goor* nich rut. Hauptsook is denn, wat de, de sick dat bekieken doot, dat schöön findt, wat du di dor trechtmurkst hest.«

Ick glööw, dat eerst, wat ick moolt heff – bi uns vör de Huusdöör op'n Hoff – weer'n Peerd; – vun de Sied. De eenzigst, de dor bi weer un dat to sehn kreech, weer mien lüttjen Brooder Hermann. De weer jümmer doorbi. Wat he dorto secht hett, dat weet ick nich mehr, seeker hett he meent: »So'n Schiet!«

Man, dat duur nich lang, dor harr ick den Boogen beeter rut, un ick wooch mi ok an Minschen ran. Un denn harr'k ok mehr Tokiekers. Un ick mool denn ganz, ganz groote »Kolossalgemälde«. In'n Sand, versteiht sick. Grötter noch as Peter Paul Rubens; bloots mien weern nich nookt. Mien harrn Büxen un Kleeder an. Wat

Keerls nookt anners utseht as Froonslüüd, dat wüß ick tomools noch nich. Nockt kenn ick bloots mien Brooder, un de seech nookt jüß so ut as ick ok. Deerns harrn lange Hoor, un Kleeder an un speelen mit Poppen. Koih, jo, de seht anners ut as Bulln, dat wüß ick, un'n Hohn ok anners as'n Hehn.

Dat eerst Wurt, wat ick schreeben heff, weer HAMBURG. Dat stünn bi Onkel Marxen in groote Bookstooben in een Finsterschiev vun sien Schüün. Un dat he'ck denn sauber in'n Sand moolt. Wat dat Hamburg heet, dat harrn's mi secht. Bloots, wat Hamborch is, dat wüß ick nich. – Gediegen, nu arbeit ick all meist fiefundörtich Johren in düsse Stadt. So bilütten weet ick ok, wat Hamborch is.

Inne School weer Zeichnen ok mien beste Stünn. Mann, wi moolen meist in jede Stünn. Dat leech an uns Lehrer Heini Krebedünkel. Wenn't jichens güng, denn leet he uns teeken. Un wat hefft wi lütten Jungens tomools allens moolt, op de Abendbrootschool! As ick all'n poor Johren op düsse School güng, door müssen wi ehrn Noomen mool in'n Diktat schrieben, door he'ck glatt 'n poor Fehler rinjickert in dit verdreihte Woort, un vun mien Lehrer 'n önnigen Bax kreegen. Denn wuß ick eers, wo't richtich heet un schreeben ward: Abendrothschule. Mann, keen Cuxhobener sä dat.

Un wat hefft wi tomools in de eersten veer Schooljohren nich allens mit Kneetgummi mookt. Dat Kneet leech in den grooten Klassenschrank. Wi dörtich Jungs müssen all inne Reech an dat Schapp rangohn un kreegen denn uns Kugel Kneet, de Farv kunnen wi uns utsööken. Un denn seeten wi mit backige Fingern dorbi un weeren an't Rullen, an't Drücken un an't Tohoopsetten. Wi, luuter lüttje Balthasar Neumanns, Leonardos, Tiepolos un Andreas Schlüters. No dat Kneeten müssen wi uns Kunst weller inrullen un in't Schapp trüchbringen. So weer dat tomools bi Vadder Stoot. De paß op'n Kaneel. Spooren würr grootschreeben. Recht harr he, de Stoot!!! Dat dröffs gornich sengen hüütigendoochs. Bi dat Kneetinrullen wüssen wie nix vun »Frustration« un harrn dorbi keen »Stauungen« as dat nu so »in« is.

Mann, dat duur nich lang, door harrn wi denn meist all uns eegen

Kneet. To'n Geburtsdach, oder wenn'n mool 'n ganz goode Arbeid schreeben harr, denn geef dat 'n Rull för'n poor Groschen.

Wenn in Cuxhoben 'n Krüüzer oder 'n Lienjenschipp in'n Amerika-Hooben leech, wo wi denn henpedden un dat »besichtigen« dän, denn kneeten wi de Scheep in'n Huus oder 'n annern Dach inne School. Wi harrn twee Jungs inne Klass. Oha! de kunnen dat villicht, de »Schlesien« oder de »Berlin« kneeten. De Berlin weer so'n ganz oolen Krüüzer, een mit dree groote hooge Schosteens. In Kriechsscheep weeren's mit glatt ööber, de twee. Peer un Bullen, Koih un Minschen, Hunnen un Katten, Hoosen un Swien dat kunn ick nu weller beeter. Ok hüüt fallt mit dat nich swoor, so'n Plastik to mooken; man bloots, dat duurt oorich lang, bet'n so'n Dings trechtfummelt hett. 'N Teeknung hentojickern, jo, dat's 'n Klax un geiht fix. Un vun de eersten veer Johren op de Abendbrootschool door is dat denn woll ok vun koomen, wat ick door bi hangen bleeben bün, bi dat Moolen. Un schöön is't, wat mi dat jümmers noch Spooß mookt. Un dat meist sößtich Johren lang.

Nu he'ck so'n beeten uthollt för mien Antwurt op de Frooch: Hest dat all jümmer kunnt?

So, nu will ick vun de Kunst man weller op'n Peerd ümstiegen. Wat hett mien Verlegger vör'n söß, sööben Weeken bi'n Tass Kaffe to mi secht: »Kannst door nich mool wat öber schriewen, över Peer un Rieder un so?«

»Verlegger, ick sitt.

– Nu man jüh!«

Sabadota, ehr dree Jungs un ehr annern Fohlen

Sien Voßwallach, de, de dat Duhner Wattrennen meist wunnen harr, den weer Onkel Hannes denn jo los. För em koff he sick 'n goode Stuut ut Bützfleth in Kehdingen. Swatt weer se, harr twee witte Achterfööt, 'n lütten Steern vör'n Kopp, – ehr Kopp weer teemlich groot.

Se weer oorich jiddelich. Ober as Linkspeerd harr Onkel Hannes jo den sinnigen oolen Voß. Wat se so jiddelich weer, dorüm harr de Kehdinger Buur se verkofft. Sabadota hett se heeten; 'n leidigen Nomen! Stünn op'n Schien. Ehr Vadder weer de berühmte Schwabenstreich. Un nich bloots dat. Ehr Urgrootvadder weer he ok! Un vun de bein harr se ehrn dicken Kopp. Mann, all dat Goode, wat door inseet, in den oolen Schwabenstreich, dat harr se ok arvt. Un dat weer nich weenich.

De Peer vör'n Ackerwoogen, so sünd wi in'n Fröhjohr, Onkel Hannes, Hermann un ick, eers 'n Stück dööör de Westerwisch, hoch no de Drangst, denn no Holt un Knüppel (Holte und Spangen) denn de Sandweech langs öber de Heid – gröönbruun so wied du kieken kunns – no Oxt un hen no Nordholt to de Hingsten. Vun »Alltag«, dat weer so'n grooten Swattbruunen, kreech Sabadota ehr eerst Cuxhobener Fohlen; in Kehdingen harr se all 'n poor hatt. In'n Harwst güng he wech, de Lütt. Dat tweete Fohlen weer vun »Halt«. »Hannekind«, düsse Noomen keem in'n Schien. Hannekind bleef bi Onkel Hannes. Denn wessel Onkel Hannes de Hingststatschon. Oolenbrook weer ok nööger bi, un de Hingsten weern nich slechter as de in Nordholt; in'n Gegendeel. Söß Hingsten stünnen door tomools. »Feiner Kerl« un »Almjäger« weern de Stars, as'n hüüt so secht. Un Feiner Kerl kreegen se bi de Schwabenstreich Stuut. Beeter harrn's dat gornich mooken kunnt. Dat Fohlen, 'n Hingst, weer dat best, wat Onkel Hannes bet dorhen hatt hett. In'n Harwst keem de Lütte no Meekelnborch op'n grooten Hoff mit annere Hingsten tohoop. No twee Johren höören wi denn weller vun em, he weer Spitzenhingst un güng no Celle. »Fesch« hett he heeten un hett denn in Jork stohn. Sien Brooder, de 'n Johr dornoh booren würr, is dat meist jüß so gohn, he keem as Hingst no Westfoolen.

Dat gifft 'n Hingstenbook vun't hannöversche Landgestüt, wo all de Hingsten in stoht, de Celle mol hatt hett un nu noch hett. Un door he'ck nokeeken ünner »Fesch«. Eers kummt sien Farv, dunkelbruun, un denn 'n langen Stammboom bet »Columbus«. Dat weer'n Vullbloot-Hingst, nich de italjeensche Schipper, de Amerika entdeckt hett. Denn steiht door Hannes Oltmann ut de Westerwisch. De hett em tücht, Fesch. Nu kummt 1939–43, Jork, un denn 1943 mit'n Krüüz doorachter. Bloots fief Johren hett he in Jork deckt. Un denn bleef he doot. Un nu stünn in dit Book, wat düsse Hingst trechtkreegen hett: Twölf Bescheler, veer doorvun för Celle, sößunachtich Hauptstuutbook-Stuuten, doorvun hefft sööbenuntwintich de Stootsprämie kreegen; dörtein Stuuten keemen in't Stammbook; un denn stünnen door noch acht Turnierpeer, de 12276 DM wunnen hefft. Een Meter tweensößtich weer he groot, Fesch. – Wenn he nu ok so oold worrn weer as sien Vadder, Feiner Kerl, un sien Mudder, de mit sößuntwintich noch'n Fohlen kreech, jo, denn weern dat so bi föfftich bet sößtich köörte Hingsten worrn un hunnerttwintich bet hunnertveertich Peer mit Stootsprämie. Mann, wat schall das Reeken?! Dat is dumm Tüch. Mit acht keem he in'n Peerhimmel. Un wat'n Hingst door nu mookt, dor froochs mi glatt toveel. Mach jo angohn, wat'n Paster ut Celle dat weet.

In'n Peerhimmel

Ick kunn't nu doch nich looten, so'n beeten optomoolen, as ick mi dat vörstell, wenn so'n Hingst vun sien Statschoon wech un op so'n Wulk, so'n witte, booben bi Petrus ankummt. Eers froocht he denn: »Sech ins, büst du Petrus?« »Bün ick!« secht de. »Denn bün'k jo woll richtich bi di?« Un Petrus geiht üm em rüm. Mann dat Ankiekenlooten vun alle Sieden, dat is'n Hingst jo wennt. Dat dän de Buurn ok. Bi de Hingstparood weer dat jüß so. Un in'n Stall in Celle weer ok meist jümmer een door un keek neeschierich. »Büst du!«

meent Petrus denn jo op sien Frooch. No'n ganze Tied: »Du steihs noch krall op de Been, wenn de ok all oosich krumm sünd, dien Been. Schulls man de lütten Engels op de witte Wulk so'n lüttje Tour döör den Himmel trecken. De wüllt mal weller so'n beeten

hallelujahn un öberall Stimmung mooken. Wenn du musikoolsch büst, dat heet, wenn du *düchtich* musikoolsch büst, kanns ok sülbst speelen; hollst di eenfach dat groote Drohtdings, »Harfe« heet dat Dings op de Eer, vun den hilligen Sankt Sünfonius. Wo de sien Looden hett, dat höörst all. Bruuks ober nich, kanns di ok eers satt-

freeten un'n beeten to Meddach sloopen. Door achtern sünd all'n poor Hingsten, de hüüt morgen hier ankommen sünd, up de lütten Graswulken wiß inne Gangen un haut sich den Panst vull, sünd ver-

gnöócht oder sloopt. Holt stopp! – Meist harr'k dat Wichtichste vergeeten! Go ins glieks hier ümme Eck un loot di 'n poor Flünken anneihn, ans falls mi hier noch dool ut'n Himmel. Hier ümme Eck, – och, dat sä ick jo all –, door sitt de Flünkóör. Wi secht man kort »Flunki«. Mann, wohr di, dat *du* dat jo nich to em sechs. Denn ward he bannich füünsch un versaut di de Fellern bi't Anbacken. Nu man hen no em! – Beielen bruuks di jüß nich. Loot di Tied! Jümmer! Un noch wat: Reech di nich op. Un wenn du hier in'n Peerhimmel singen deist, denn heet dat nich »Hallelujah«. Op peersch heet dat: »Hottehühjah!« So, mien Jung. Dat weer't.« Petrus grien fründlich, dreih sich üm un güng mit barfte Been öber de lütten witten Wulken rööber no'n Scheff, den neen Hingst anmellen.

Un neern op de Eerd door stoht de Stuutpeer mit Troonen in de Oogen an sien Graff un lecht em door'n poor bunte Bloomen hen.

Vundooch heck'n Breef no Warendörp schickt un no den annern Fesch froocht. Mool sehn, wat ut em worrn is.

So, un nu weet ick dat. Se hefft trüchschreeben un mi'n Bild vun em schickt. 'N knuffigen Hingst. Hett'n barch vun Feiner Kerl. Anners as sien Mudder, harr he'n hübschen Kopp un, anners as sien Vadder, nich so steile Achterbeen.

Instellt is he neegenteinhunnertachundöörtich. Mit föfftein Johren is he dootbleeben. Öllben köörte Jungs hett je hatt, un hunnerttweeunsööbentich Deerns, de indroogen sünd. Dreeuntwintich kreegen de Stootsprämie. Denn schreeben mi de ut Warendörp: »Fesch galt seinerzeit als erstklassiger Vererber, besonders seine Töchter waren züchterisch erfolgreich, vor allem St. Pr. St. Fechta!« Ut Fechta stammt »Frühling«. Un düsse Frühling »beherrscht mit seinen Söhnen (14) und Enkeln (2) die Flick-Linie.« De köönt jo woll all düchtich pedden un springen. Frühling, he is nu tweeuntwintich, geiht op de Hingstparood noch den »Pas de deux« tohoop mit Dante. De heet bloots so, als de italjeensche Dichter.

In'n Peerhimmel is düsse Fesch ok glatt koomen.

Denn geevt twee Fohlen. Dat weer in'n Fröhjohr 1937. Sabadota harr ehrn drütten Fesch in'n Stall, un Hannekind 'n bunten Sweetvoß vun Almjäger, 'n Stuutfohlen. Onkel Hannes meen: »Dit is de beste Hingst.« un grien breet. Ick harr mehr Spooß an den Bunten. De weer ok sinniger, de Lütt. An ehr Mudder kunns ok beeter rangohn. Ick heff de bein foken besöcht. In'n Winter, as se denn alleen in Stall weer, keek ick denn, wenn ick bi Oltmanns weer, bi ehr rin un wi hefft uns wat vertellt. Se sä ober man weenich. Se harr dat woll mehr inne Been un kunn wiß pedden. Blangen de Schüün weer'n Padd. Ick kreech de Lütte, as se'n half Johr weer, in'n Halter, un wi bein sünd denn in'n Droow door langsbirrst. Ehr möök dat Spooß. As se mit dree anspannt worr, door leep se glieks vör'n Woogen, as wenn se dat wennt weer. Vöör de Meihmaschien verjooch se sick toeers bi dat Snarren un Röötern, mann, no fief Minuten harr se keen Bangen mehr. Bie't Rieden weert jüß so. Mien Brooder, he harr veel Remonten inreeden, steech ropp un – he güng, de Voß.

As ick in'n Harwst neegenteinhunndertsößunveertich ut Rußland weller no Huus kommen weer, door bün ick in'n Winter – Minschenskind, wat weer de koold, düsse Winter – as Melkkonterlöör bi uns in Spiek op de Hööf juckelt, mit'n Rad.

Wenn ick op een vun de gröttsten Hööf, door harrns de meisten, ober ok de moogersten Koih, bi't Melken op de Ammers tööwen müß, denn he'ck achtern op mien Meieree-Bööker op'n lütten Zettel de Koih affteekend. Doorbi he'ck denn den Knookenboo vun so'n Koh oorich good kennen lehrt, de keeken jo überall rut, de

Knooken. Un de kenn ick hüüt noch. Doorbi gifft dat all lang keen soo moogern Koih mehr as tomools. Mann, moolen kann ick jem noch – so mit Knooken.

Jää, in düssen Kohstall he'ck ok ton eersten Mool de Capri-Fischer höört. In Rußland geef dat düssen schöönen Singsang noch nich. Door weer uns Leed »Zieht euch waaarm an«. Hier in Spiek süngens mit dree Deerns un twee Knechen, wenn se ünner de Koih seeten, veel luuter as Rudi Schuricke, wenn ok lang nich so hooch un woll ok nich ganz so wunnerboor sööt as he: »Bella bella bella Marie, bleib mir treu, ich komm zurück morgen früh.« Tomools in den oosich koolen Winter weer dat de Kohstall-Morgen-Hymne.

Un no so'n Konzert un no mien Melkaffweegen, ick harr mien Böökerkroom un de Wooch all weller in mien lellerne Tasch steeken, güng ich mool in'n Peerstall rin.

Dat kann jo woll nich angohn! Door keek mi doch woraftich Onkel Hannes sien bunten Voß an. Ick heff se glieks wellerkennt an ehrn grooten Bless mit so'n lütten Dreih no de Sied. Un mooger weer se. To freeten geev dat nich recht wat. De Buur vertell mi, as ick em frööch, wo he an dit Peerd koomen weer, he harr den Voß vun Hannes Oltmann intuuscht. De harr vun em 'n öllere, sinnige Stuut kreegen. De Voß weer Onkel Hannes, de nu all sööbentich weer, 'n poor mool döörgohn. Door müß he wech.

»Na, kenns mi noch?« frööch ick ehr.

Se keek mi 'n beeten truurich an, as wenn se sengen wull: »Jo, dat do ick! – Mann, dat's all lang her. Dat weern noch Tieden tomools inne Westerwisch. Door geeft noch wat to freeten.«

»Too loot«, sä ick, »hess sülbs Schuld, worüm geihs döör, du Teeputt!«

Jo, un mit den lütten, drütten Fesch, ick harr noch'n Bild vun em un heff dat affteekend, mit den hett dat'n böös Enn noomen. Dat weer'n warmen Dach in'n April. Un so leepen he un sien Mudder op de Wisch, wied achtern. De Ool kunn ick sehn, em ober nich, he sleep woll'n beeten. Aff un an keek ick. Door änner sick nix, se stünn jümmer op dat sülbe Flach. Ick denn los, ins nokieken. As ick nööger keem, seech ick, wat door in'n Grooben mang dat hooge Reet wat wackeln dä! De Ohren vun den Lütten. Bet an'n Hals seet he in't Wooter. Ick leep, wat ick kunn. Rin in'n Grooben, in den koolen, so as ick weer, nich mool mien Klock he'ck affbunnen, un denn mien bein Arms ünner den Lütten sien Liev. As ick em half op't Ööber böört harr, he'ck em vun door ut hoochtrocken un op de Been stellt. Aleen kunn he dat nich mehr. In de ganze Tied pedd de ool Sabadota achter mi hen un her un snuuv liesen. Süns kunns nich ran an ehr. Op'n Hoff steech ick denn glieks in drööch Tüch, wenn't ok Onkel Hannes sien weer, warm weer't. Un den Lütten, den reef Onkel Hannes düchtich aff mit Stroh. Scheelt hett dat nich, he harr to lang in'n Grooben seeten, un kreech dat denn mit de Lungen, ok de Dokter kunn nich mehr helpen, un no dree Dooch weer he doot, de Lütt. As he door so leech, weer he jümmer noch hübsch.

Mit sößuntwintich Johren hett de ool Schwabenstreich-Stuut noch 'n Fohlen kreegen, nu vun Abendsport; Feiner Kerl weer nu ok in'n Peerhimmel. Un de hett de Stootsprämie kreegen.

Wat nu ut den Stamm worrn is, ick weet dat nich. Bi mi inne Stuuv hangt an de Wand 'n Bild, door is se op, Sabadota, vun vöörn affknipst, in'n korrekten Droow kummt se an. Mien Brooder is de Rieder. – He is ut den letzten Kriech nich trüchkoomen. Wi sünd neegenteinhunnertfiefunveertich in Rumänien in een groot Looger ween, hefft uns ober nich sehn. He weer Buur, un he weer dat geern, hett nie wat anners warrn wullt, güng geern in Theoter un Konzerten un lees veel. Un nich bloots öber Buueree kunns mit em snakken. He weer mien besten Fründ, mien Broder Hermann.

As ick 'n Jung weer, wull he mi dat Rieden bibringen. Mann, mi weer dat to hooch, un denn so ganz alleen booben op'n Peerd. Un fasthollen dröff ich mi ok nich in de Mohnen. Nu mutt ick mool eben 'n lütten Oogenblick mien Peerd stoppen, wenn'k dat kann. – Güstern kreech ick vun'n St.GEORG wat schickt, door harr een vun sien eerste Riedstünn schreeben, un wat he door booben op sien Peerd föhlt harr: »Wieso bekommt man als Anfänger das größte Pferd, das es auf Erden gibt?« Mi güng't tomools jüß so as den Rieder nu. Un dit Bild heff ick denn moolt un henschickt no den ST.GEORG, dat is'n Blatt, wo sick dat üm Peer dreiht. So, nu geiht't wieder. Jüh!

In Galopp door güng't jo ganz good. Bloots in'n Droow keem ick jümmers in't Rüüschen vun de een Siet no de annere. Un bi't Springen, Mächtigkeit öber twee Meter – *Deci*-Meter –, door seech dat man oorich slecht ut mit mi. Door bün'k affsteegen vun dat hooge Peerd – un in de Luft gohn. Ick segelfleech; siet fiefunveertich Johren ... Un door he'ck all'n poormool son Oort gullen un'n sülbern Sleuf kreegen.

Ick glööw, mi pett'n Peerd

An'n Oxer bleef he inne Stangen
bi'n eersten Sprung veerbeenich hangen.

Un ok dat Barkenrick, sneewitt,
dat nehm he mit sien Vöörhand mit.

De Muur is licht, dat ward woll gohn.
Föör'n Rieder, jo! – De Voß bleef stohn.

Noch mool de Muur! Nu güng dat glatt.
»Wenn du man wullt, denn kanns du dat!«

De »Bretterplanke«. Teemlich luut
hau he door veer, fief Latten ruut.

Dat »Tor«! Wiß ran in'n Swiensgalopp
un döör! – Door rööber hollt bloots op . . .

As he denn merrn in'n Grooben jump,
door weer't genooch: »Höör op, du Lump!«

De Voß – den Steebel ünnern Steert! –
de dach: »Ick glööv, mi pett'n Peerd . . .«

Platt mit'n hannöverschen Brand

Mien Platt, hm, wat is dat eegenlich för'n Platt? Ick glööw, so half is dat Kehdinger Platt. Un wat nohblifft, dat is half Hodler un half Wurster Platt. Op jeden Fall is dat dat Platt, wat de besten hannöverschen Hingsten ok snackt harrn, wenn se't kunnt harrn, dat Snacken. Mann, verstohn hefft se dat wiß.

Mi fallt door »Feiner Kerl« in, in't sülbe Johr boorn as ick. He keem ut de Eck bi Verden. Mann, denn hett he bloots noch oolenbrööker Platt snackt. Jüß so »Almjäger« un »Abendsport«, sien Mackers. De ool »Aldermann«, – hunnerttein köörte Hingsten hett he mookt – de hett sien Leben lang Kehdinger Klüten eeten, bloots in'n Winter nich. In Celle geevt keen Klüten. Jä, un »Duellant« de hett ok rein Kehdingsch snackt, de ool »Schwabenstreich« meist jüß so; he stamm ut de Verdener Eck, un so veel anners is dat Platt door ok nich. Sien Vadder, de hett Wurster Platt snackt; »Schwabe« keem nich ut Stuttgart, Schwabe keem ut Spiek. Un ut Land Wursten harr de ool Schwabenstreich denn jo ok woll den dicken Kopp. Den hefft de Wursters meist all. Ick meen, nich bloots de Peer ...

Mann, een vün de ganz Grooten, »Der Löwe«, de hett nich afrikoonsch – he heet bloots »Löwe« – nee, de hett jümmer köllsch sabbelt; du dachs, wenn em hööRt harrs, he stünn inne Bütt. Mit uns Platt keem he partuh nich trecht. Naja, he schull jo ok nich snacken, he schull ganz wat anners. Un dat möök he good, de Lööw. »Flügelmann« weer ok'n Kehdinger, de lange Johren in Ooterndörp leevt un »leevt« hett.

Wenn ick fröher, as ick'n lütten Jung weer, no mien Onkels op jemmer Hööf no Oolenbrook keem, denn hüng door inne Wohnstuuv an de Wand mang de Opas un Omas, mang Vadder un Mudder un de Verwandten ut Amerika jümmer 'n »Nelusko«. Ick weet nich, woveel Neluskos in Oolenbrook anne Wanden hungen hefft – villicht bummelt door jo noch welke? – mi dücht, dat weern glatt duusend. Dicht bi Bremerhoben, door weer he her, Nelusko. De hett denn so'n Oart Wurster Platt snackt, wenn he wat sä. Un denn hüng door noch een anne Wannen »Marschall«. De kunn ganz oorich pedden un kreech keen Been an de Eerd, so sweev de, de Donner. »Aktionstraber« stünn ünner den Hingst. Tomools kunn ick nix anfangen mit dit Wurt »Aktionstraber«. Nu weet ick dat! – Weer ok'n Kehdinger, Marschall.

Un all de Hingsten, de in Land Wursten stohn hefft, un dat weern lang nich de slechtsten, de Celle hatt hett, de snacken ok so'n Platt as ick, keemen meist all ut Hǫdeln un Kehdingen. »Schwabenkönig«, he weer woll de best. Föfftein Johren hett je in Nordholt deckt. He weer Kehdinger. »Anfechter« bloots tein Kilometer wech, ut Oolenbrook. Dat weer'n ganz hübschen Hingst. Mann bloots dat Oos weer so deckfuul as'n Oss in Sommer öber Middach. Mit »Marconi« sien Platt door weer dat so'n Sook. Vun sien Vadder »Marcio« harr he den rheinischen Singsang, vun sien Nomen Marconi her den italjeenschen Belcanto, den drohtlos – telegraphschen; vun sien Mudder dat Kehdingsche. Un nu keem dat Wurster Platt door to, Junge, Junge! Mann, sien Kinner weern best; un de Jungens, de all as ganz lüttje Buttjers no Hunnesrück müssen, de harrn dat Wurster Platt all mit de Muddermelk in sick rinsoopen; un dat seet.

Jä, un so süht'n denn, wat de Celler Hingsten meist all dat Platt snackt –, un snackt hefft –, wat ick hier schriewen do. Nu so paßt dit Platt denn eegenlich jo ganz good in mien Book rin. Meent ji, de dat nu lesen dot, meent ji mit jo'n Peerverstand dat nich ok?

Dat Leben ist veel to schood,
üm in'n Schritt to rieden
un slechte Zigarrn to smööken

Grand-Dressur

Wi sünd woll noch nich anne Tour,
denn geiht dat över den Parcours.
Wat mookt wi bloots de ganze Tied?
Stiecht wi nu aff? – Denn is't so wied,
un wie mööt weller ropp opt Peerd.
Un bliewt wi sitten? Ok verkehrt.
Un riedt wie hen un her? Woraftich
dat is genau so dummerhaftich . . .

Dree Mann sünd wi, un för so'n Skoot
door is't maleev nich för to loot.

Wied trüch de Peer, so Steert an Steert!
Un jeder dreiht sick op sien Peerd.

De Koorten rut! Nu misch nich lang!
Wi sitt Dressur – un speelt 'n Grand.

Hermann

Ick sä jo all, wat mien Brooder so'n ganz dröögen weer – dat hett he woll vun unsen Vadder arvt, de weer ok so –. Wenn he lachen dä, denn lach he jümmer in sick rin un doorbi grien he so, dat de annern dat Lachen kreegen.

Toletzt hefft wie bein, mien Brooder Hermann un ick, uns neegenteinhunnertveerunveertich to Huus inne Westerwisch bi Cuxhoben sehn, as wi, ick in Urlaub, un he mit'n teemlich oosige Verwunnung, bi uns Öllern weern. Em harrn's in Rußland, as dat mool Mann gegen Mann güng, mit'n Pistole döör't Knee schooten. So keem he no Huus. Dat duur oorich lang, dat wull nich heelen, dat Lock, un botter düchtich. Door weer ok noch mehr in't Knee tweigohn. In sien Steebel harr mien Brooder 'n lange Stang in sitten. De güng achtern son veertich Zentimeter an sien Been hooch. So kunn he denn gohn, an'n Stock. Jeden Dach müß je mit'n Rad no Cuxhoben rin un sick dat Been masseeren und dat Knee böögen looten. »Dat deit oosich weh«, meen Hermann. Mann, dat helpt nix. Wat mutt, dat mutt. He hölp bi Frünnen op de Hööf un speel twee, dree veermol in de Week Riedlehrer. Rieden, dat güng mit sien Been. De Jungens, de keemen, bröchen ok fooken Peer mit, de noch nich inreeden weern, un de as Remonten wechgohn schullen. Dat dä Hermann denn, door verstünn he wat vun. »Minsch«, sä mien Brooder, as he weller mool vun't Rieden no Huus koomen weer, »Hüüt he'ck wat beleevt. Keem door doch een vun de Jungs mit so'n ganz willen Wallach vun dree Johren an. 'N Sootel harr de op. Mann, den Rieder, so'n Jung vun sößtein, de gornich mool so slecht rieden deit, den harr dat Oos vun Peerd 'n poormool affsmeeten, wenn he man jüß booben weer. So geef de Jung dat op un keem to Foot bi mi an. Ick heff mi den Voß vörkreegen un em kanzeistert. Un he speel verrückt, vörn hoch, achtern hoch, dreih sick, snuuv un hau achterrut. Ick keem mi vör as'n Cowboy, utsehn he'ck wiss ok so. Dat duur'n ganze Tied, denn harr'k em mürr, den Wallach, un he sweet un puust. Weer'n toogen Lümmel, düsse Voß. He leep nu ganz önnich, kunn ok good pedden, nich bloots achterrut!«

Denn grien Hermann mi breet an un sä – ganz sinnich. »Un as ick dach, so, nu hest em sowied, door hett he mi affsmeeten. Dat Oos dat!«

Un dann möök he sick kloor to'n Masseeren. Riedsteebel ut, Uniform in't Schapp, Zivil an, rin in den Stangenschoh, steech op't Rad, uns Hund, son grooten swatten »Schnauzer«, kreech den

Krückstock quer in de Snuut un de bein nu rin inne Stadt, Hermann op't Rad, Asso blangen em mit den Stock. So keemen's ok weller trüch no'n goode Stünn.

»Na, wo weert?« frööch ick Hermann, »hett se di weller so piert, de Massajeese?« Un denn summ ick »Allons enfants terribel!«

»So terribel weer se hüüt nich, ick heff meist nix markt«, lach Hermann.

»Na sühs woll Schütt, so bilütten ward dat denn doch beeter. Mutts di bloots Tied looten. So fix geiht dat nich. He'ck jo all jümmer secht.«

»Jo, Wille, du büst 'n ganz Klooken, büst du. Ick weet man beeter, wo dat an licht, wat dat nich weh dä.«

»So«, sä ick, »wo licht dat denn an?«

Door grien Hermann weller so schöön breet, kneep een Ooch to un meen: »Ick heff dat verkehrte Been henhoolen!«

In't Fröhjohr fiefunveertich, sien Been weer noch nich ganz beeter, hett Hermann sick denn freewillich weller rutmeldt no sien Regiment. »Kanns de annern nich inne Schiet sitten looten«, harr he mool secht. In sien letzten Breef an mien Öllern schreev he noch ut Schlesien, wat se door swoore Weeken döörtostohn hatt harrn.

Dat letzt Lebensteeken vun em kreegen wi vun een ut Scheeßel. De harr em in Rumänien in'n Looger droopen. Ick weer to de Tied in dat sülbe Looger. Door weern tomools 'n poor Duusend Suldooten. Jeden Dach güngen groote Transporte rut, rin no Rußland. Un ut'n Balkan, ut Ungarn un ut de Tschechei keemen nee an. Ick heff mi 'n poor Moond in dit Looger ophoolen kunnt un veel Lüüd ut uns Eck droopen. Eens Doochs, ick harr mien dünne Supp jüß in'n Putt, seet op de Eer, un leepel se ut, door stünnen blangen mi twee un snacken. Ich hooch un op Platt: »Sech ins, wo büst du her?« »Ick, – ut Cuxhoben!« sä he. »Dat he'ck hööirt!« lach ick. Wi kennen uns nich, he weer all öller. Wi weern beid op de »Aambrootschool« gohn, un harrn de sülben Lehrer hatt. Düssen Mann wulln de Russen den annern Dach no Huus schicken, he wüß dat all. In sien Soldbook stünn swatt op witt, wat he in Straßburg booren weer. He kunn keen Wurt franzöösch, un keem nu as Franzoos no Düütschland trüch. He is denn inne Westerwisch gohn un hett door vun mi vertellt. Un ut Scheeßel kreegen mien Öllern in de sülbe Tied 'n Breef vun een Buur, de schreev jem, wat he Hermann in dit groote Looger droopen hett. He harr em man kort sehn, un so veel he wüß, is Hermann bi de Luftwaffe ween. Un dat weer Hermann nich. He weer bi de Infantrie, ick weer Fleeger.

As ick denn ut Rußland weller trüch weer, bün ick mit de Bohn no Scheeßel föhrt. Un as ick bi den Buur inne Dööir stünn, keek he mi an un sä: »Nee, du weerst dat nich!« Wi hefft nie weller wat vun em hööirt in all de Johren. Ick dink jümmer an em. He fehlt mi överall. Bloots in'n Droom, door sünd wie bein, Hermann un ick, fooken tohoop. He is denn noch jüß so as fröher ...

Op'n Meßwoogen

Tweespännich föhren wi döör't Dörp, mien Brooder Hermann un ick. Wi weern tomools Jungens vun sööbentein un achtein Johren. Dat Dörp harr saubere Hüüs mit bunte Goorns doorvör, schööne Hööf un ganz oole Bööm. De Stroot weer – naja – so, as Dörpstrooten nu mool so sünd, veel Löcker un überall Meß un Kohschiet door op. Blangen de Stroot weer'n Footpadd –, eenfach fastpedt. Dat Dörp leech nich wied aff vun de Elv op de meekelnborger Sied, höör ober to Hannober. Dat Platt door weer rein meekelnborchsch. – Wat'n Wunner!

Mien Brooder weer all öber 'n Johr hier op'n Hoff un lehr door. Se harrn twintich Koih, 'n grooten Bulln, 'n Barch Swien un Höhner, Land inne Elvmasch un op de Geest. Veel Weeten, Raps, Hoobern un Garsten boons an, Roggen un Katüffeln wussen op de Geest. In'n Winter weerns meisttied in't Holt, de Buur un sien Lüüd. Ok dat höör to dissen Hoff. Bloots mit Peertucht door geev de Buur sick nich mit aff. He harr söß Arbeitspeer.

Twee Bruune, de leepen nu bi uns vör'n Woogen; 'n Kutschwoogen weer dat nu jüß nich, wo wi op seeten, wi bein. Un so hooch as op'n Kutsch seeten wi ok nich – nee, wi seeten man ganz sied un achternanner, de Been bummeln dicht öber de Stroot. Uns Kutschbuck weer'n Sack, den wi uns ünnerpackt harrn, wat uns de Schiet nich an de Büxen keem. Wi föhrn op'n leddigen Meßwoogen trüch op'n Hoff.

Door wies mien Broder op'n ganz hoogen, dicken Linnenboom, de vör een grooten Hoff stünn. Un denn vertell he mi: »Du, dat is'n Oos vun Buur, de hier wohnt. Sien Lüüd de piesackt he. Vör een Johr hett he sick'n Vullbloot köfft, so een to'n Angeeben, vör de Koor to spannen. Un denn dormit in scharpen Droow döört Dörp

mool hierhen un mool doorhen to britzen. Dat Peerd ist würklich nich slecht, bloots he, de Buur.

Un nu sünd wi mit veer Jungs, all so in mien Öller, bigohn un hefft sien Koor versteeken. De weer denn ok slecht to finnen un he, de Buur, kunn dat all gornich. Überall frööch he no. Keen Oos harr dat schööne Dings sehn. Denn harrn's em dat woll klaut, meen he; he wüß ok, keen dat doon harr.

Eens Doochs, as de Harwst to Enn güng, door hett he dat goode Stück denn sülbst funnen. Hooch öber em in'n Linnenboom door bummel dat, as vun den oolen Boom de Blööd doolfulln weern. De Koor de harrn wi veer in so'n warme Summernacht, as wi ut'n Krooch keemen, so'n beeten ut de Tüüt weern, un uns de Hoobern steek, mit'n Reep no booben in den Boom hochhüsert un fasttüütert. Door hüng se denn fief Moond. – Nu föhrt he dormit weller – ünnen.« Un Hermann grien.

»Kanns door den Schuppen sehn, den mit dat Blickdack. De höört een Buur, de dat jümmer so hild hett. Nix kann den fix genooch gohn. Wenn de bi't Meßföhrn is, den lett he obens den Woogen noch fullsmieten, wat he morrns mit'n vullen Woogen glieks los kann. In düsse Nacht harr he mool weller den Woogen vull blangen de Messen stohn un leech all lang in'ne Puuch. Door sünd wi veer – sien Hund de sä nix, he kenn uns – op sien Hoff, hefft sien Woogen leddich mookt, em uteneen nohmen un em denn booben op dat Blickdack weller tohop sett. Wat de Moon woll lacht hett! Dat weer'n ganz helle Nacht tomools.«

»Minschenskind, nachts hefft ji woll bloots Undööch vör«, sä ick, »dat dumme Gesicht vun den Buur an'n annern Morrn, dat harr'k geern sehn much!«

»Geiht noch wieder«, meen Hermann un grien weller, he kunn so richtich schöön breet grienen, »halben Kroom, den wulln wi ok nich mooken. Wi hefft den Woogen door booben op dat Blickdack denn vull Meß smeeten. Op den Meß harrn wie ok noch den Sack hübsch rööberlecht. So richtich to'n Opstiegen. Kiek, un nu eerst harrs di mool an'n annern Morrn dat dummerhaftige Gesicht vun den Buurn ankieken schullt. De Peer ok noch op't Dack un anspannen, door sünd wi nich op kommen. Ans harrn wi dat glatt mookt. – Oder glööws dat nich?«

Wi böögen nu ümme Eck mit den Woogen, door keem uns 'n Mann inne Mööt, oorich lang, 'n beeten krumm, harr'n ruugen, rooden Boort ünner sien lange Nees, 'n Zigarr inne Snuut, de Mütz inne Nack. Un he leep nich ganz liekuut op'n Footpadd.

»Kiek, de ool Ottje. De hett meist jümmer een sitten«, meen Hermann. »Weest, wo de lacht? Soo –: Hi-hi-hihihi – hi-hi!!!« bölk he ganz luut. De Peer, den Hals vöruut, de Ohrn no achtern, den Steert hooch un aff. Ick flööch op de Sied, de Woogen rööter över dat Koppsteenplooster, un mien Brooder reet an dat Leit rechts-links-rechts-links-rechts, he seet jo ok nich fast op'n Woogen. O Mann o Mann, denn harr he sien bein Bruunen no good tweehunnert Meter weller fast inne Hannen.

»Du Schoopskopp«, sä ick, »de weern di meist döör gohn – Dat keem vun dien Larm bi't Lachen, door hefft's sick verjoocht.«

»Meens dat?« sä Hermann, »ick glööw, de bein hefft sick vör Ottje verjoocht.«

»Du Tüüdelbüüdel«, sä ick, »de weer jo all lang vörbi, Ottje. Bi dien Gröölen eerst sünd se verrückt worrn.«

»Glööw ick nich, – glööw ick nich«, meen Hermann drööch, »pass ins op. – Hihi – hihihi – hi-hi!!!« brüll he weller los. De Peer, dat hören, Hals lang, Steert hooch, un aff güng de Post!!! Nu harr mien Broder sick ober doorvör un reet sien Peer glieks so in't Muul, wat se goornich eerst Lüst kreegen, döörtogohn. Denn dreih Hermann sien Kopp, keek mi an, grien noch smeeriger as süns un meen denn: »Dat licht an't Lachen. – Du hest Recht!«

Poesie

De Dichter, Mann, kann de sick höögen
un glieks in schööne Versen swöögen! –
Froo Pegasussen, hooch in Bloot,
de kreech he bi de Flünken foot.
Nu harr he ehr. – As klooken Mann,
door tüer he ehr an'n Stackpohl an.
»Man to, ji Musen!« – Alle neegen
suust all koppheister in sien Breegen.
De eerste Vers, he kummt all nööger,
de Dichter sweevt nu hooch un hööger,
sien Hand grippt an den drallen Titten,
den Ammer fix vull Geist to sprütten.

De Hand is koold un tatterich;
dat Warmblootpeerd ward gnatterich.
Mit koole Hannen geiht't nich gau;
un, wat door kummt, is oorich flau.
De Dichter süht no'n halbe Stünn:
Dat is ok kääsich, suur un dünn.
An't Suure mutts du di gewöhnen. –
Noch beeter: Beeter melken köönen!

Un mark di: Würklich groote Dinger,
de schaffs du nich mit koole Finger.

Bumms

Eers dach he: »Dat wüllt wi woll kriegen,
bi dat Springen mol weller to siegen!«
Een Bumms op de Stroot! –
Denn weer allens to loot ...
Nu dinkt he: »Dat is doch gediegen ...«

Dat Undeert

Bi de Wurster Jägerslüüd, door harrn's een, de baller, ohn wat he wat sehn kunn, eers mol in jeden Busch un Knick rin, wenn sien Hund dorvöör stohnbleev.

An'n eersten Dach vunne Höhnerjacht güng je los un schööt glieks mit sien eerste Patroon 'n Hehn. Dor stell he sich brammsich hen un reep luut: »So mööt se't hemmen.«

As de Jacht nu wiedergüng, schööt he op jeden Fall no vöörn, uck wenn de Höhner no de Sied affgüngen. An'n Obend harr he denn so bilütten dörtich Patroonen rutknallt. Ober bi de een Hehn weer dat bleeben.

Densülben Mann keem in'n Harvst op de Heid 'n Voß inne Mööt.

Un wat he door beleev, dat vertell he obens inne Weertsstuuv luut un mit veel Gröleree: »De Voß keem vör mi hoch. – Ick baller em door een hen, un wat meent ji – de Voß blifft stohn, sett sick oppe Küülen un wiest mi de Tähn!«

Ganz opgereecht froocht em 'n jungen Jägersmann, worüm he denn nich glieks noch mool schooten harr.

»Nee, een Patroon weer ick jo all loos, un du muss jo jümmer wat inne Flint behooln. Du wees jo nich, wenn so'n Oos di angeiht!«

Waidmannsheil!

Dit Jachtglück weer em wiß nich kloor,
un bannich döösich stünn he door.
Wat he hier seech,
weer oorich leech.
Minsch Mann! Dat is je woll nich wohr? –

Loot dat Bitten . . .

Dat mookt keen Spooß bi düsse Hitten.
Merrn op den Oxer blifft he sitten.
De Rieder nich. – Weh deit sien Steert.
Vun booben grient dat mucksche Peerd.

Minsch, loot em sitten!
Loot dat Bitten . . .

De arme Hund

Se güngen weller mol op Jacht. Jemmer Hunnen harrn's anne Sied. Un de mööken ehrn Kroom so good, as se dat man jichens kunnen.

De Jägerslüüd, jo, de weern tofreeden mit jem. Bloos een, 'n Dokter, de weer maleev nich inverstoon mit dat, wat sien Hund uck dä. Jümmers harr he watt to quarken un to queesen un sienen Hund to tarrn un to tiesen. De kunn mooken, wat he wull: Dat weer verkehrt.

De arme Hund harr den ganzen Dach nix to lachen, sowiet 'n Hund dat kann, lachen.

Nu harrns de Jacht achter sick, un de Jägerslüüd seeten vör Gröönkohl un Pinkel un haun rin. De Hunnen leegen ünnern Disch un sleepen. No de Jachteree den ganzen Dach weern's mööd. Dor keek de een Jäger hoch vun sien Töller, keek eers no den Dokter röber, denn op den Dokter sien Hund dool, denn weller no booben op den Dokter. Un denn sä he so ganz sinnich mit sien beeten hooge Stimm: »Du, Walter, leeber wull ick'n Gesangbook freeten, as bi di – Hund speelen!«

Ridder Kunibert

Ballade von Fritz Höpfner
Opmoolt un vun't Hoochdüütsche in't Plattdüütsche
ümschreeben vun Wilhelm Hartung

Ridder Kunibert

Ballade von Fritz Höpfner
Opmoolt un vun't Hoochdüütsche in Platt
ümschreeben vun Willem Hartung

In Düütschland leev vör lange Tied
de Ridder Kunibert.
Sien Hart weer bannich good un groot,
noch grötter weer sien Sweert.

Meist duusend Lüüd de harr he
wiß üm sick op sien Slott;
un wenn he jem wat sengen dä,
denn heelen de ehr Schott ...

Keen Hypotheken drücken em,
un sien hannööversch Peer
harrn Sülber an de Sootels
un Goldknööp an't Geschirr.

In't Kleederschapp dor harr he
ut Blick sien Jack un Büx.
Wat he man jümmer antehn wull,
dat harr he. – Em fehl nix!

Sowied flutsch allens läufich,
bloots „De Geschicht" weer leech.
Se kunn dor nix bi mooken,
wat he keen Froo affkreech ...

He harr'n lütten Fehler,
de Ridder Kunibert,
dat weer'n ganzen lütten;
un düsse Fehler weer't:

Keen lange Jack, keen Mantel,
keen Sleep, keen Hermelin,
keen Hoot, keen gullen Keeden,
nix hülp em in sien Pien.
Keen Dokters kunn' em heelen
– de weern je woll too dumm –
uns Kunibert den Ridder
sien Been weern oorich krumm!!!

Up de Turnieren weer he
de eerst Mann anne Sprütt,
wenn he een inne Schiet smeet,
denn lach he: „Sühst woll, Schütt!"

De Armen kreegen Eeten:
Swattsuur un Roode Grütt. –

Wenn Kunibert 'n Held ook weer,
wenn he ook Moot för dree,
de lütten Frolleins meenen:
„Den oolen Krummbeen? – Nee!"

Dat güng böös anne Neeren
den Ridder Kunibert.
He bummel an den Noogel
sien sülbern Ridderswеert,
sien Blickbüx keem in't Schapp rin,
he sülbs neih döör den Sool;
nee, ook sien Hingst ut Celle
de weer em schietegool. –
He bölk un snuuv in'n Huus wat rüm
un steebel foorts in'n Krooch.
He sööp. Un wenn he sprüttenduhn,
denn harr he eers genooch. ——

Sien Mantel den verspeel he
bi Sööbenteihn-un-veer
un dach bi sick: Dat kummt doorvun,
vun Wieber, Kööm un Beer ...

Den annern Morrn door weer't sowied,
he kreech den grooten Kooter,
door keem em denn dat Huulen an:
„Nu drink ick bloots noch Wooter!"
He kneep sick denn, wo inne Sied
sien Süüperlebber seet:
„Wat bün ick doch för'n slechen Hund!
Ick do mi jo soo leed!" —

Door klüng't as Engelsingsang
in Kunibert sien Ohr.
Ganz wied vun buuten höör he'n
kathoolschen Preesterchor.

„Ick, Kunibert, hau aff vun hier
un — in dree Düüwels Noomen! —
in't Kloster! Ick warr Preester nu!
— Weer'k door man glieks op koomen! —
Wenn ick eers den Tralaar anheff,
keen Oos kann jem denn sehn,
nich mol vun't Slott de dummen Deerns,
ick meen: Mien krumme Been ...

Een Johr lang heel he dat ook ut.
Vull harr he denn de Nees.
Sien Backbeern böör he oppe Nack,
to Foot no Huus he scheeß.
— Wo he as Preester koomen weer
bi Froo, bi Kind, bi Mann,
vöörut leep „Brooder Krummbeen" em
un leep ook — achter ran.

„Ick glööv, ick knütt mit'n Band
mi booben anne Wand ...
Holt stopp, dat gifft'n annern Dreih:
Ick stork in'n Nixensee
mit miene scheeben, krumme Been
vun booben dool. – Adee ...
No hunnert Johren krabbel ick
an Land mit lieke Been –
so as Marlene Dietrich ehr.
Dat doo ick. Schalls mool sehn!
Un wenn de Sage stimmen deiht,
sogoor as Köönichsöhn!" ——

Fröh morrns keem he vör sien Slott.
Dat seech de Wacht vun'n Toorn:
„Uns Herr is op'n Patt no Huus!"
Luut tuut he in sien Hoorn.
De Schütten un de Ridderslüüd
de stünnen stramm in'n Sool.

„Moin, Jungs!" sä Kunibert to jem.
„Korl, hool den Hingst mi mool!"
Denn trock he't Hemd ut Sülber an,
steech in de Büx ut Blick
un klatter op den Celler Hingst.
O, Mann, wat leet he „schick"!
Den Speet den harr he anne Sied,
inne Fuust dor blitz dat Sweert
– dat harrn's jüß op'n Sliepsteen hatt –
De Voß de dreih den Steert.

He keek sick üm un puup noch mool,
denn sett he sick in'n Draff.
„Nu fiert man schöön!" reep Kunibert,
„Schüüß, Jungs! Ick hau nu aff."
De Sünn de lach vun Himmel,
stech hööger denn un hööger.
De Hingst mit Rieder Kunibert
de keem den See nu nööger.

He puust un sweet, he harr woll Schiß
un klatter op den Steen.
„Ji Nixen, töòwt," reep Kunibert,
„glieks will ick bi joo ween!"

De Hingst, as de in't Wooter keek,
verjooch sick ööber alle Mooten,
he dreih sien Kopp, keek Kuni an:
„Minsch, Scheff, wullt dat nich looten?
Un swemmen kanns doch ook nich!"
„Verdreihte Voß, swiech still,
loot bloots dien dumme Quarkeree,
du deist, wat ick hier will!"

He drück den Voß nu trüchoors
so'n dörtich, veertich Roo,
hau em de Spooren inne Sied:
„Jü, Anfechter, man too!!!"
De Oogen dicht, so birrs de los.
„Brrr-brrr!!!" De Hingst güng hooch.
De Rieder harr wat brummen höört,
bloots wat, – dat weer de Frooch.

Door stünn so'n gräsich Deert vun Boor
un wull em anne Plünnen.
He rüm sien Peerd un op em dool.
„Nu wohr di, oole Frünn!!!"

De Voß de snuuf, de Boor de brumm,
un Kunibert nich fuul,
de neih sien langen scharpen Speet
den Booren wiß in't Muul;
döör't dicke, ruuge Fell hendöör
un döör de Nack noch wied.
Dat kunn de oole Boor nich aff.
Uut weer't ——
un hööchste Tied...

De Ridder dreih sien sweeten Peerd
ton Springen in den See,
door stünn in'n hellen Sünnschien
vör em sön sööte Fee.
Se harr'n Kalabreser op
ehr gneeterswatten Hoor.
Dat düsse Deern ut Sponien keem,
dat würr uns Kuni kloor;
'n witten Lipizzaner Hingst
den harr se ünnern Steert,
de weer ook spoonsch un hooch in Bloot.
Verdorri, wat förn Peerd! —

„Caramba, stolzen Reiter,"
füng se nu leewlich an,
„ich sahen vielen Ritter,
du sein den ersten Mann!
Du hast mein Leben retten,
ich danken dir und Gott.
Du machen tott das Bär da,
sonst wären ich nun tott."

Herr Kunibert, wat weer he baff,
denn reep he to de Nix:
„Ick go nu mit de spoonsche Doom,
un du, — du kanns mi fix!"

Eers ünnerweegens mit de Deern
door keem de Leev em bi;
sien Hart füng an to hüppen,
o Gottogott — un wie!!!
„Du geews mi trüch mien Leeben,
mien zuckersööte Fee,
ans leech mit bleeke Backen
ick nu in'n Nixensee ...

Ick dank di, Singjorita,
un bitt di, warr mien Froo,
ick heff'n Slott bi Spieka, –
mien sööte Popp, sech: Jo! –
Bloots", un den stolten Ridder
sack inne Büx sien Moot,
„ick heff twee oorich krumme Been
– dat ööberlech di good."

Se flööch ehrn Kuni üm sien Hals,
wild keem se angesuust,
un knuutsch em aff. Dat kunn de Deern.
Wat weern's denn ut de Puust.

Nu möök se foorts 'n hübschen Knicks,
se lüch ehr Kleeder an
un wies ehr swatten Been hendool:

„Ich auch, mein lieben Mann!"

O, Kunibert, wat worr he flau ...
he leet alleen de Fee.
Un to sien Nixen jump he gau
denn leeber in den See ...

Halling 4.11.80

Im deutschen Lande lebte
einst Ritter Kunibert,
Ein Mann mit edlem Herzen
und einem langen Schwert.
Er hatte viele Knappen,
die treu ihm durch und durch,
und ohne Hypotheken
stand seine Ritterburg.
Er hatte edle Rosse
aus dem Araberreich,
mit herrlichen Schabracken
und echtem Silberzeug.
Er hatte hundert Wämse,
besticket reich und blank,
und manche stolze Rüstung
in seinem Kleiderschrank.
Doch Kunibert, der Ritter,
– wie die Geschichte schreibt –
(es war 'ne Affenschande!)
war leider unbeweibt,
denn *einen* Fehler hatte
der Ritter Kunibert
– es war kein großer Fehler
und nicht der Rede wert.
Doch diesen Fehler deckte
kein Harnisch und kein Kleid,
kein noch so schöner Mantel,
kein goldenes Geschmeid',
denn, dreimal schade war es
und tief beklagenswert:
Er hatte krumme Beine,
der Ritter Kunibert! –

Ob auch auf den Turnieren
er zeigte sich als Held,
ob er an viele Arme
verschenkte Brot und Geld,
ob auch in harten Fehden
er kühnen Mut bewies,
so doch in weiter Runde
er »Ritter Krummbein« hieß!
Und wenn die Ritterfräulein
ihn kriegten zu Gesicht,
dann hörte man sie kichern:
»Den Krummbein mag ich
nicht.«

Das nahm er sich zu Herzen,
der Ritter Kunibert,
und hing an einen Nagel
sein blankes Ritterschwert,
er legt in die Kommode
das gute Panzerhemd
und selbst sein Lieblingsrößlein
ward ihm allmählich fremd,
da man beim kühlen Weine
ihn nur noch finden kann!
(Um es auf Deutsch zu sagen,
er fing das Saufen an!)
Auch auf den Würfelbecher
verstand er sich nicht schlecht,
und viele Nächte hat er
durchspielet und durchzecht!

Bis eines schönen Tages
– nach tollem Suff und Spiel –
ein riesengroßer Kater
Herrn Kunibert befiel.
Er schlich in seine Kammer –
nun höret, was er tat:
Dort weinte und bereute
er seinen Lasterpfad!
Da drang wie Engelstimmen
es an sein sündig' Ohr,
da hörte ganz von weitem
er frommer Mönche Chor.
»Bei Gott«, rief er voll Eifer,
»Die Lösung ist nicht schwer,
Schluß mit dem Lasterleben,
ich werde Geistlicher!
Auch meine krummen Beine
ich werde dabei quitt,
barmherzig wird sie decken
das geistliche Habit!«

Doch schon nach einem Jahre
es trieb ihn fort mit Macht,
den klösterlichen Frieden
verließ er über Nacht,
dieweil er allenthalben,
im Städtchen, auf dem Land,
als »guter Bruder Krummbein«
von alt und jung benannt. –
»Was soll ich weiter leben«,
sprach müde er und zag',
»ob Ritter oder Bruder,
der »Krummbein« läuft mir
nach!
Ich werde von dem Felsen
aus schwindeliger Höh'
mit meinem Streitroß stürzen
mich in den Nixensee,
und steig' nach hundert Jahren
(so schreibt die Sage vor)
mit kerzengraden Beinen
als Königssohn empor!«

Im Morgengrauen kam er
in seine Burg, zu Fuß,
allwo des Turmes Wächter
sogleich das Kuhhorn blus.
Dort in der alten Halle,
im großen Rittersaal,
versammelt die Getreuen
er noch ein letztes Mal.
Dann sprach er: »Knapp, nun
hole
den wilden Hengst herbei
und zäum' ihn wie zur Hochzeit!
Heut' ist ein Fest, juchhei!«

Als mit dem schönsten Panzer
er herrlich sich befrackt,
und sich mit Schwert und Lanze
und seinem Schild gepackt,
schaut einmal noch voll Trauer
die Burg er stolz und kühn
und sprengte forsch von dannen,
daß rings die Funken sprüh'n.

Schon von dem blauen Himmel
die Sonne freundlich lacht,
bis auf den Fels geklettert
der Hengst mit seiner Fracht.
Dort reitet an den Abgrund
Herr Kunibert sofort
und rief: »Ihr holden Nixen,
gebt acht, gleich bin ich dort!« –
Der Hengst, er wiehert schaurig,
schaut in den See hinein, dreht
seinen Kopf und schnaubet:
»Herr Ritter, muß das sein?«

Herr Kunibert, entschlossen,
er reitet nun zurück
– dieweil zum Galoppieren
er braucht ein kurzes Stück –
dann setzt er in die Weichen
dem Hengst die Sporen an,
daß dieser hoch sich bäumet
und stürmet, was er kann.
Doch vor dem tiefen Abgrund,
da wirft er ihn herum,
weil aus der Nähe höret
man fürchterlich' Gebrumm.

Nun war in unserm Ritter
das Jägerblut erwacht
und eine große Bärin
hat bald er ausgemacht.
Die stürzt sich auf den Ritter.
Doch dieser, gar nicht faul,
stieß seine lange Lanze
der Bärin in das Maul
und stieß durch ihren Nacken

den Lanzenschaft noch weit!
Da brach das Tier zusammen
(es war die höchste Zeit).
Schon wendet er sein Rößlein
zurück zum Nixensee,
da naht im Sonnenlichte
ihm eine holde Fee.
Sie war aus welschem Lande
und herrlich anzusehn
(nach ihrem Kalabreser
kam sie aus Spanien),
und einen Lipizzaner
aus edelstem Geblüt
bezwangen ihre Schenkel
zu freundlichem Gemüt.

»Caramba, stolzer Reiter«,
hub sie nun lieblich an,
»ich sehen vielen Ritter,
du sein der ersten Mann'
Du hast mein Leben retten,
ich danken dir und Gott,
du machen tott den Hunden,
sonst wären ich jetzt tott!«
Herrn Kunibert, dem Ritter,
ihm blieb die Sprache aus,
er ließ die Nixen warten
und ritt mit ihr nach Haus.
Doch unterwegs ertrug er
nicht mehr der Liebe Last
und lud die holde Schöne
zu einer kurzen Rast.

»Du gabst mir neues Leben«,
sprach er zu seiner Fee,
»sonst läg mit bleichem Munde
ich nun im Nixensee!
Ich will für's ganze Leben
dir dafür dankbar sein,
du süßeste der Frauen,
ich bitte dich, sei mein!
Doch« – hier begann zu wanken
des Ritters stolzer Mut –
»ich habe krumme Beine,
das überleg' dir gut!«
Da flog sie an den Panzer
dem Ritter Kunibert
und herzte ihn und küßte
ihn lang und unerhört.
Dann hob sie hoch die Kleider
und sagt mit zartem Hauch
und zeigt auf ihre Beinchen:
»Ach, Kunibert, ich auch!«

Herr Kunibert erbleichet.
Er ließ allein die Fee
und sprang zu seinen Nixen
dann lieber in den See.

1943 kreech ick »Ritter Kunibert« inne Hannen. Ich schull em för een Suldooten-Zeitung moolen. Ick harr Spooß an den Ridder mit sien krumme Been un heff em wiß geern teekent.

Tein Johr dornoh heff ick de oole Suldooten-Zeitung bi mi in'n Keller wellerfunnen un Kunibert dat tweete mool moolt, he weer mi to fluusich teekent.

Mann, de neen weern ook nich soo good, un Wiehnachen 1971 he'ck ton drütten mool mien »Kunibert« herkreegen un moolt.

De Versen bleeben jümmer so, als se toeerst weern; se weern good, de Versen.

Keen dat nu weer, de jem dicht' hett, ich weet dat nich. Bloots sien Noomen, jo, den kenn ick. Woneem is he affbleeben? Is he döör den Kriech koomen?

Mann, villicht fallt em dit hier, wenn de Tofall dat so will, doch inne Hannen – sien »Kunibert« in Platt. He schall sick denn bi sien Mooler melln. Ich wull, dat keem so.

In Fröhjohr 1980 heff ich mi hensett un allens in Platt ümschreeben. Jungedi, dat weer 'n oorich Stück Arbeid, wo ick mi düchtich bi afftiert heff. Mann, Spooß mookt hett dat.

Nu is de natte Sommer vörbie un Wiehnachen is in Sicht. Un düsse Dooch heff ick för de neen, de plattdüütschen Versen ok plattdüütsche Biller mookt (de veerten!)

Wenn nu de, de dat leest un sick bekieken doot, ook Spooß an »Ridder Kunibert« hefft, denn jo, denn freit mi dat.

Schiet . . .

De Rieken harr he böös op Sicht un schimp op jem as Christ.
»Wi all«, so reep he, »sünd jo gliek!!!« He weer'n Idealist.

Door harr he Glück. Un mit Gewalt – he hölp noch düchtich no –
keem he no booben, möök veel Geld un kneep de Taschen to.

Gerechtigkeit un oole Frünnen, de hett he lang vergeeten.
Sien Schosteen rookt, he smöökt Brasil, hett Wiewer, Kööm un Freeten.

»Mien oolen Quark is för de Katt! Wat fröher weer is futsch!
Goht ut'n Wech un anne Siet! Den Vullbloot vör de Kutsch!!!«

Dat ok mool Schiet no booben kummt, nu jo, dat kann malöören,
Bloots, wenn de Schiet eerst booben is,
denn lett de Schiet sick föhren.

Zivilisatschoon

De Brooder vun mien Froo keem güstern bi uns rin, un ick vertell em vun mien Peerbook, wo ick bi weer. He wüß nix vun dit Book, keek in den Zettelkroom un sä denn:

»Minsch, ick weet ok'n Stück. Wolang is dat nu her? Dat weer jüß vör'n Kriech. Ick glööv, dat, wat ick door beleevt heff, dat gifft dat nu ok nich mehr; dat hett uns Kultur tweimookt. De Kultur un de oosige Zivilisatschon, de bein, de hefft dat op'n Geweeten!« un doorbi keek he mi deepsinnich mit truurige Oogen an, – un denn grien he: »Jää, dat mutt so wat bi negenteihnhunnertnegenundörtich ween hemm.

Wenn'n so as Jung billich vun Spiek no Cuxhoben hen wull, denn paß'n op, dat'n den Melkwoogen no de Meieree foot kreech. Ick – twölf weer'k tomools – harr Glück un seet nu booben op'n Melkwoogen vöörn op'n Buck. Un frei mi, dat ich door seet.

De Kutscher – he weer'n beeten dick un vergnööcht – harr mi secht, dat he nich glieks no de Meieree, nee, eers noch döör de Stadt an'n Seediek föhren müß. He harr door noch wat optolooden. O, dat paß mi good in'n Kroom, ick wull in't Sportbad. Swemmen. Op de Oort harr'k denn man bloots 'n korten Wech doorhen to pedden.

Wi weern nu in Cuxhoben. Ick seet blangen den Kutscher. Vöör uns de bein grooten Peer, mool in'n Schritt, mool in'n Droow; nu weller in'n Schritt. De cuxhobener Huusfroon, un ok'n Barch Kurgäst, weeren an düssen schönen warmen Morgen ünnerweegens, inkööpen. An de Siet vun de Stroot stünnen Woogens vöör de Geschäften. Afflooden un oplooden. 'N poor Autos juckeln door ok rüm. Weer düchtich wat loos inne Diekstroot.

»So, mien Jung«, sä de Kutscher, »nu holl man mool eben dat Leit un de Pietsch.« Un geef mi de Töögel inne Hannen. He sülbs steech aff, ober nich an de Sied. Nee, he klatter no vöörn, lee sien Hannen de bein grooten Peer op'n Steert un güng'n lütten Streemel op de Dissel langs. De bummel bi den sieden Melkwoogen ok teemlich deep twüschen de bein Bruunen.

Door is je woll wat twei, an't Geschirr, dach ick. Oder door hett sick wat vertüütert. Un anholln, dat duurt em denn woll too lang. Mann, fummeln dä de Kutscher door vöörn nich, jedenfalls nich bi de Peer. Ober bi sick anne Büx. Denn güng he so'n lütt beeten in de Kneen un bück sick, ober nich wied, man ganz weenich. De een Hand harr he booben in't Geschirr vun dat Linkspeerd. So'n halbe Minuut rööch he sick nich. Denn fummel he weller, dreih sick twüschen de Peer üm un klatter weller no mi op 'n Buck ropp.

Ick möök je woll 'n beeten dumm Gesicht. Door grien de Kutscher breet un meen drööch: »So pißt'n op'n Woogen!«

As wi denn affböögen no'n Oolen Wech rin, door weer dat rechte Vöörbeen vun dat Linkspeerd all weller drööch.

Höögere Püschologie

Dat weer in'n Mai, de Fleeder bleuh,
door pack sick eene vun de Koih
in'n Peerstall dool – un kreech 'n Kalf,
schöön swatt un witt, so half un half.

»Worüm in'n Peerstall? Sech ins, Koh!«
»Weet ick doch nich, – nu frooch nich so.«
De Riedersmann, wat weer he baff.
Dat Kalf bleev door. De Koh hau aff.

De Lütt gewöhn sick an den Stall.
He sööp un freet, würr dick un drall.
De Peer, de dachen: Denn man to,
in twee, dree Johren büst'n Koh.
Rülps weer ehr Snacken, Muh ehr Leeder,
se röök no Kohschiet – nich no Fleeder.

Een Püschologen keem, un klook
puhl he de Weisheit ut sien Book,
un frööch dorbi den Riedersmann
no Peer un Kalf. – Denn füng he an:

»Dies ist ein Pferd – milieubedingt,
das bald als Sieger rennt und springt;

genauso aber mit Bravour
sich Preise holt in der Dressur.

Durch wahre Umwelt, durchs Milieu,
steigt jedes Wesen in die Höh.«

O Mann o Mann! O Mann o Mann!
Wat so'n Studeerten weet un kann.
Wi lütten Dööskopp roopt: »Hurra!!!
Recht hett de Püschologika!!!«

In Spiek

Klock twee weer'k in Spiek. Mien Söhn harr mi in Cuxhoben vun de Bohn affhoolt. Wi weern denn de Drangst langs öber de Geest no Berensch, denn 'n lütt Stück achtern Diek langs un links aff döör de platte Masch an Koih, Kalber, Peer, an den jungen Weeten un de Garsten un de geelen Rapssleech vörbi föhrt, denn döör Dieksenn no Spiek rin. Ick weer »to Huus«! Un glieks no'n Eeten seet ick op mien Rad. Schöön weer't. Mool weller'n poor Dooch in Spiek un in Land Wursten! In Cappel Streek bööch ick links aff op een Hoff, wo ick neegenteinhunnertsööbenunveertich, in de slechte Tied, in de Oornt hulpen harr, för Eeten; dat Geld weer jo nix weert tomools. Junge, wat harrn wi för'n hitten Summer. In de ganze Tied is op de Meihmaschien un op den Binner keen Druppen Regen doolfullen. Mann, dat Koorn stünn good inne Masch. Dat Band för'n Binner, dat weer tomools ut Popier, un wat dat nich duernd rieten dä, düüker de Buur dat in Ööl – dat weer to de Tied noch lang nich so düür as hüüt. – Dat Band reet ober doch aff un an, un so müssen wi mit twee Mann achter den Binner achteran loopen, de Garven, de keen Band harrn, nobinnen un dat Band weller trechfummeln un öölen. Mit tein Peer hefft wi in dat Johr dat Inföhren mookt. Wenn een Woogen jüß leddich weer, keem de annere all ümme Eck op'n Hoff ropp. Ümstiegen op den vullen Woogen un affstooken. Dat müß ick. Goode twintich Föhr he'ck so an eenen Dach affstookt. Dat markst inne Knooken. Bi dat eerste, bi't tweete, un ok noch bi't drütte Föhr tiers di böös aff, de Garven dor ruttorieten. So sinnich krichs denn den Dreih ruut, dat Rieten ward weniger, un denn geiht di dat glatt vun de Hand, hest ok mol Tied to'n Lachen; un Spooß harrn wie düchtich. As de Weech för de Woogens wieder worrn, door harrn wi ok mehr Tied un kunnen uns mool eben henhaun un verpuusten; bet dat neechste Föhr üm de Eck bööch. De Letzt booben op'n Böön weer de oole Hey. He weer all öber fiefunsööbentich. Mann, wat kunn de packen! He vertell uns, wat he in eersten Weltkriech as Suldoot in Rumänien ween weer. Ick heff mi wunnert, wat so'n oolen Mann so vertellen kann, un dat, wat he sä, dat weer allens so kloor, un keem so slankwech, he verrenn sick nich, door weer'n kloore Reech in sien Vertellen. In'n poor Dooch weern wi döör Rumänien döör un harrn dat Koorn ünner't Dack.

Ick harr den Buur een Johr vörher kennenlehrt. Ick weer in'n Harwst sößunveertich ut Rußland koomen un glieks den annern Dach juckeln wie bein, mien Froo un ick, op uns oolen Rööd op sien Hoff. Mien Froo harr door'n Johr arbeidt. Se wüß, wat ick Spooß an Veeh, besünners an Peer harr. Un door weer düsse Buur de richtige. He harr alleen sööbentein Peer mit Stootsprämie in sienen Stall. Bloots sien best Peerd, dorbi lach he, dat harr de Stootsprämie nich. In düsse Johren, door müssen de Peer jo noch düchtich vör'n Woogen, vör de Eech, vör de Hark un mit veer vör'n Plooch un vör'n Binner gohn. Den Riedpeerd-Soziool-Stoot, so as nu, den geev dat tomools noch nich; se müssen ran an'n Speck, alltohoop.

Ick weet noch, de Buur harr so'n veerjohrigen »Laufsport«. Liese hett se heeten, harr de Stootsprämie, is jo kloor. So as all de Laufsports kunn se wiß pedden, un so as meist alle Laufsports weer se 'n

Verbreeker un speel verrückt. De Buur spann ehr ut. Un dat Leit in de een, de Pietsch in de anner Hand jooch he ehr jümmer rund dööр de Mesten, jümmer rund, jümmer rund. Un se weer an't Pedden un an't Snuuwen un keem int Sweeten, Junge, Junge! No fief Minuten stünn se meern op de Mesten, deep insackt, leet den Kopp hangen un ooten un puust luut. Vun de deepste Stell ünner ehrn Buuk leep so'n ganz fienen Strohl Sweet dool; so, as wenn'n Oss miegen deit.

Un denn keem se weller vör'n Woogen. Un se güng, as wenn se nix leeber dä, de lütt sööte Liese. – Denn weer door noch 'n junge, swatte Anfechter. Dat is de Stammmudder vun de Peer, de door hüüt no fiefundörtich Johren op'n Hoff sünd. Twee junge Bruune weern vun Jupp. De Mudderstuuten weern vun Schwabenkönig, een vun Staatsanwalt, 'n tooge Stuut, harr'n Fohlen vun Anfechter. De beste weer vun Halt. Un vun ehr un Felix stamm de schöönste Stootsprämienstuut af. Wat door noch för Peer weern, dat he'ck vergeeten.

Jä, un as ick güstern op mien Rad seet, bööch ick aff vun de Stroot un op düssen Hoff ropp, glieks in'n Stall rin, un fief Minuten he'ck mi den lütten Fohlen bekeeken, den ick noch nich kennen dä. Harr nich so veel Knooken, as de Peer vör veertich Johren. Mann, de Kopp, de weer doch oorich wat hübscher as de Köpp tomools. –

Keen Minsch op'n Hoff, bloots de Hund keem un snüffel an mien Büx wat rüm. As ick denn weller op mien Rad steech un affhaun wull, füng he an to bellen. Ick üm de Eck rüm an »Riehls Garten« vörbie no Cappel to. Ick dreih denn ober üm un rin in'n Krooch, villicht seet door jo een, den ick kennen dä, villicht sogoor een, de mi wat vun Peer vertellen kunn; mien Verlegger in Hamborch harr mi jo secht, ick schull ins sehn, wat ick wat vun Rieder un vun Peer to Popier bringen dä. Ick harr de Döör achter mi noch nich dicht, door reep een ut de Eck, wo se mit veer Mann seeten: »Willem, wat mooks du denn hier, du schalls in Hamborch arbeiden, wat dien Froo un dien Kinner nich de Tapeten vun de Wand freeten mööt. Un bilütten mool wat inne Pann hefft. Kumm, sett di dool, ward Tied dat du wat in'n Kopp krichs. – Frauke, fief Kloore!« Vun de veer, de door seeten, kenn ick bloots den eenen, de mi roopen harr, un wüß nu, worüm de Hund alleen op'n Hoff ween weer. »Hohes Gras und viele Mücken und kein Buch zu lesen, – weeßt, wat dat heeten schall?« Ick wüß – »Noch mool fief Kloore!« No'n korte Tied kenn ick de annern dree all veel beeter un se mi ok. Junge, de harrn ganz schöön een sitten un bi mi füng dat no tein Minuten un fief Koorn ok an, bloots ick müß jo noch op't Rad un kunn mi bremsen. Denn stünnen wi noch fief Minuten an de Theek. Mien leddich Glas inne Hand weer bumms! weller vull. Ick leet mi nu Tied dorbi un sä to mien Noober: »Du, sech ins, kanns du mi nich wat vun Peer oder Rieder oder so vertellen. Du sühst so ut!« »Minschenskind, du kanns ober froogen. Dat weet ick nich; un op'n Stutz fallt mi ok nix in.« Un denn sweech he. As wi all inne Döör stünnen, dreih he sick üm un meen: »Du, ick weet doch wat. Dat he'ck vun mien Vadder.«

Ick glööv nich, wat dat, wat he mi vertellt hett, nu jüß so weer, as ick dat hier opschreeben heff. Mach angohn, wat dat 'n lütt beeten anners weer, un ick door wat totühnt heff. Mann, ick harr je ok 'n lütten foot ... Hier is't:

In'n Düüstern

Wenn du hier de Stroot an Cappel vörbie booben an den Wech no Dorum kumms, door stünn fröher mool 'n Krooch. Un in de Gaststuuv seeten veer Buern obens tohoop un drunken so sinnich vör sick hen, een no'n annern, un snacken ööber dit un dat, weern vergnööcht oder leeten de Fliep hangen, je nodeem, as jem nu jüß tomoot weer.

»Jä, denn loot uns man tosehn, wat wi no Huus koomt, ans kriecht wi noch Schechs vun Muttern!« meen Eibe un güng in'n Stall, wo he sien Peerd ünnerstellt harr. De annern dree hülpen em nu op sienen Wallach, un dat weer goornich so licht. De kreech noch'n Klapps op sien Steert, un denn weern de bein, de Voß un de Rieder, in'n Düüstern verswunnen.

»Ick koom no!« reep Hannes achter em un kreech sien Rad ut de Eck. De bein annern hülpen em, sien Karbid-Lamp ton Brennen to kriegen. As se sick door'n oorige Tied bi afftiert harrn, brenn dat Dings, un se reepen: »Schüß, Hannes, un föhr nich in'n Grooben, höörs!« un se wackeln op jemmer Hööf los, de dicht bi leegen. Hannes wackel ok. Un so licht weer dat för em jüß nich, bi sien Fohreree in Düüstern, all de Klooren un dat veele Beer in'n Lief, de Richt to hoolen; un in sien Licht weern mool de Bööm op de een Sied, mool de Grooben op de anner Sied to sehn. Wenn he de Bööm inne Lantücht harr, denn weer he wat ruhiger, Hannes, ober den oolen oosigen natten koolen Grooben, den kunn he man slecht sehn. Un dat Licht wackel nu vun de Bööm öber de Stroot an'n Grooben langs, weller öber de Stroot no de Bööm, de so'n Meter hooch hell un ganz dicht bi weern, denn weer dat Licht wieder wech vöörn op de Stroot an'n Wackeln, un nu weller den Grooben langs. Denn weller öber de bumms!!! door seet he fast, hau mit 'n Kopp in so'n Hoortüüdelkroom, de Lenkstang kreech he in't Lief, dat em dat Beer booben

rutleep, sien Fööt rüüschen op de Stroot. He de Arms no vöörn, harr twee warme hoorige Backen inne Hannen un ööber sien Nees stünk dat ganz oosich no Peerschiet. Un vun booben dröhn dat as so'n Dunnerstorm döör all de Hoor, de üm sien Ohrn hangen dän: »Dat hest du mit Willen doon!!! – Dat hest du mit Willen doon!!!«

Ick weet nich, wat de ool Wallach de Hitt vun de Lamp twüschen sien Achterbeen good öberstohn hett.

Mann, dat sowat hütigendoochs nich mehr vörkummt, dat weet ick.

Gifft jo keen Karbidlampen mehr! –

Dat weer de eerst Geschicht, de ick so twüschen Theek un Döör to höören kreech, un in mien Lachen, ick kunn mi dat wiß good vörstellen, füng mien neen Bekannten glieks mit sien tweete Peergeschicht an.

»So, nu sett wi uns eersmool weller dool; Frauke, schink uns man noch'n Lütten in!« reep ick.

Un de tweete Geschicht, de güng so:

Kleih mi anne Fööt!

Mien Großvadder harr'n Fründ, de weer meist twee Meter groot. Ick heff em noch kennt. Un de, de harr jümmer 'n Barch Undööch inn Kopp, wenn he 'n Lütten nohmen harr. Eibe hett he heeten.

In den sülben Krooch, door booben anne Eck, wo ick jüß vun vertellt heff, door weern's mol weller inne Gangen un harrn bilütten düchtich eenen sitten. Un denn geev dat noch'n Lütten un denn noch'n Klooren, bet se nich mehr kloor weern un to den Weert »schüüß« sän. De sä ok »schüüß« un klööter mit de Doolers in sien Tasch, un dat klüng good. 'N poor Hüüs wieder sä Erwin »schüüß« un Hauke un Eibe güngen nu alleen un kreegen sick dorbi so'n beeten inne Wull vunwegen jemmer Peer.

»Mach jo angohn, wat dien Peer beeter utseht as mien. Mann, pedden, pedden köönt mien, door koomt dien nich mit, un vör'n Woogen kanns jem jo meist nich anspannen, dien willen Öös!« triez de lütte Hauke sien langen Noober Eibe. De sä nix. Villicht keem dat bi em in sien Ohren booben inne Hööcht gornich so ganz an. De Grooten sünd jo meist ok veel goodmöödiger as de Lütten.

Eibe brummel bloots: »Du mutts dat jo weeten, du Pannkooken!«

»Wat hest du secht, sääst du Pannkooken to mi? – Du, sech dat nich noch mool, ans krichs welke vör't Muul!«

»Versöök dat ins, du lüttje Schietbüüdel, du. So hooch kanns doch goornich recken, door hest jo veel to korte, scheebe, krumme Been to, so as dien Peer ok, de hefft jüß so slechte Been, bloots nich twee, ne, veer! De hefft se woll vun di arft. An de Hingsten kann dat jo nich lingen, bi de sünd de Been good, bi de Hingsten.«

»Kleih mi doch anne Fööt!« schimp Hauke un dreih aff no sien Hoff.

Eibe brummel in sien Boort: Tööv! un güng mit groode Treed den Wech alleen wieder. No sööben Minuten sparr he de groote Heckdöör vör sien Hoff op un pedd an de Messen vörbi in sien Huus rin un rin in'n Bedd. »Tööv!« dach he, un denn snork he ok all ...

Sien Noober Hauke güng, as he op'n Hoff koomen weer, eerst mool in'n Peerstall rin, keek sien Peer lange in de Oogen un sä denn: »He hett joo beleidicht, – he hett joo beleidicht. Kinners, versuupt den Arger!« un he jooch jem ut den Stall no buuten inne Dränk. »Nu suupt, suupt, ... suupt!« un he wackel in de Sloopstuuv, Steebel ut, rin in'n Bedd. »Slechte Been, hett he secht; slechte Been ...«

Mann, so slecht weern de Been vun sien Peer nu würklich nich. As se genooch soopen harrn, dachen se goornich door an, weller in'n Stall trüchtogohn. Dat füng ok all an, hell to warrn, un so leepen se all tohoop vun'n Hoff dool un böögen op de Stroot links aff op Eibe sien Hoff to.

Eibe, vunweegen dat veele Beer, müß mool ut de Büx un keem vör de Döör, jüß as door so veer, fief Peer döör sien Heck, wat he nich tomookt harr, bi em op'n Hoff anbirrst keemen. He, hen no't Heck! To dat Dings!! »So, ji koomt mi good to paß. Wat sünd ji doch für klooke Deerten, wenn ji ok man slechte Been hefft! – Slechte Been – slechte Been – slechte Been? Minschenskind, Mann inne Tünn!!! Un he slööch sick vör Lachen op de Kneen.

»Kinners, Lüüd«, reep in in de Knechenkoomer rin »opstohn, rut ut de Puuch!!!«

De Knechen keeken sick un denn em an. »Dat is doch noch gornich so wied,'n halbe Stünn köönt wi doch noch ...« »Köönt ji nich! Seht to, wat ji inne Büxen koomt. Froocht nich veel!«

As se buuten weern sä de Buur: »Korl, seh to, wat du de Peer in'n Stall joochs!« »Dat sünd doch uns Noober sien!«

»Hollt Muul, – weet ick! Rin in'n Stall mit jem. – Un du, Hannes, söök di'n poor Halter! Un kriecht de Peer door rin, ji bein! Ick koom glieks weller.«

Un he in de lütt Warksteed. Door stünnen op de Finsterbank

Farfpütt un een Putt mit Kalk. De Pinsels, 'n poor weern noch nich indröócht, stünnen in'n Wooterglas. Eibe söch sick de Pütt mit witte Farf ut den Moolerkroom rut, un de Pinsels steek he sick in de Tasch un so keem he in'n Peerstall an un grien ööber alle veer Backen. »So, Jungs, nu wüllt wi mool – moolen!«

De bein Knechen keeken sick dummerhaftich an, un denn, denn grienen se ok.

Den grooten oolen swarten Wallach, den nehmt wi toeers – as Probier-Hingst! De krich noch nich so veel Farv an sien Fööt. Loot uns ins probeern! Den linken Foot vöörn eenmool rund so'n twee

dree Zentimeter öbern Hoof, mehr nich. »Is too witt«, meen een, »'n lütten Klacks Geel mutt door noch bi. – So, nich to veel, nu is good!« As se dat vöörn links sauber henmoolt harrn, keem dat rechte Achterbeen ran, dat linke weer all jümmers witt. »So nu noch'n Steern vör'n Kopp, 'n ganz lütten man, 'n grooten is too swoor. De fallt bloots op, un Swatte hefft meist weenich witte Klöör. – So, Wallach, du büst nu schöön genooch, hau aff no buuten, ober sau di nich in!«

»Nu her mit de bruune Stuut. De hett nix witts an sick, bi de loot uns ins 'n beeten fantaseern, ober jo nich to dull. Eers vöörn, to'n Angewöhnen.« Un dat Stuutpeerd beer as'n junge Froo bi'n Putzbüüdel. In fief Minuten harr se dree witte Fööt un'n lütten Klacks Farv vör'n Kopp.

»De nächste, bitte!« Un dat weer'n hellen Voß mit'n Bless, 'n ganz smallen Streek merrn op de Nees bet booben hen. »Den buult wi'n beeten ut!« Un so kreech de Voß 'n Bless mit so'n lütten Schißlaweng.

»Lett good!« reep de Buur un kunn sick vör Lachen goor nich mehr inkriegen. »Nu mööt de Achterbeen düchtich Farf kriegen bet ünner de Kneen un vöörn een 'n beeten hööger, un den annern ganz sied!«

Un se stippen de Pinsels in dat Witte un moolen as de Heinzelmännchen vun Köln. Mann bloots, de Voß weer teemlich keddelich un heel nich still, un so ganz sauber kreegen dat de dree denn doch nich trecht; een Stippen klackern se em merrn ünner sien Liev.

»Loot sitten«, meen de Buur, »de hellen Vöß sünd fooken 'n beeten oorich bunt, un witte Stellen an'n Buuk hefft se all mool.«

Un he keek den Voß so verleevt an, as de ool Leonardo dat woll doon hett tomools in Italien bi sien Mona Lisa, as he ehr jüß den lütten sööten vigelinschen Grientje op ehr hübschen Lippen sett harr.

Den Rest vun de Farf kleihn se denn op den letzten Voß. So kreech de to sien bein witten Achterbeen ok noch twee witte Fööt vöörn, un ok an'n Kopp geev dat noch 'n lüttje Korrektuur. »Rut mit em!«

»So, Kinners, nu drinkt wi eerst mool 'n schöön Tass Kaffe, de hefft wi verdeent un 'n lütten Klooren achterran, un Erna schall för jeden vun uns dree, mientwegen veer Eier inne Pann haun. Un du, Korl, setts di no'n Eeten op mien Rad un föhrs rööber un froochs, wat em de Peer wechloopen sünd. He schall rööberkoomen un se sick bekieken. Un wehe, du fangs an to grienen!«

No good twintich Minuten keemen twee Radfohrers üm de Eck

op'n Hoff rop. De een grien – bloots so, wat de anner dat nich sehn kunn, un de anner keek man teemlich klööterich ut de Wäsch.

»Moin« sä de, de door ankeem.

»Moin« sä de, de door all weer. Wieder sän se nix.

»Nee, mien Peer sünd dat nich!« meen Hauke denn un keek de Peer man teemlich minnachtich an, doorbie keeken de em so fründlich an. Denn dreih he sien Rad üm steech op, sä gornix un pedd trüch op sien Hoff.

Mann op den annern Hoff door hefft's lacht un sick höögcht, so as lange Tied vörher nich un ok lange Tied doornoh nich weller.

Eibe güng in'n Huus, möök de Döör achter sick to, sett sick inne Eck vun sien Sofa, slööch sien langen Been ööbernanner, söök sick de beste Zigarr ut de Kist, steek se sick sinnich an, keek dööր den kringeligen, griesen Rook hendöör, gnuchel so vöör sick hen un dach: »Wat harr Hauke noch secht vöör fief Stünnen? Och jo!: Kleih mi doch anne Fööt!«

Un dat he'ck nu doon. Nich jüß em – ober sien wunnerboorn Peer – de he'ck inkleiht – anne Fööt – mit Farf – witt . . .«

För de Katt

In de dörtiger Johren is dat woll ween. Do harr'n Buur inne Gegend vun Oxt 'n Rehbuck affknallt.

Dat harr he man leeber nolooten schullt. He harr keen Jachtschien, de Buur. De Dokter kreech dat to höörn. De weer Hegeringleiter, as dat tomols nöömt worr, un müß dor nu je hen un nohkieken, wat dor vun den Buck noch nohbleeben weer. Dat dreih sick inne Haupsook üm dat Gehörn. Un villicht noch üm de Tähn, wenn de dor noch weern.

An de kanns sehn, wo oold son Buck is. Un dat wüß he geern, de Dokter. Obers, wenn'n dor nix vun versteiht, denn smitt'n de Tähn wech.

De Buur weer bannich jiddelich, as de Dokter nu ankeem; ober nich, 'n Kranken to besööken, nee, den Buck to bekieken.

He harr'n oorich slech Geweeten. Un Schiß, wat se em nu vör't Amtsgerich looden kunnen.

Den Buck, jo, den harrn's gliek in'n Putt kreegen, meen de Buur, un dor weer nix vun nohbleeben. Un dat annere ...?

»Denn mutt ick ober, wenn dor nix mehr vun dor is, dat Gehörn sehn«, meen de Dokter, »wiesen Se mi dat ins!«

De Buur kreech'n rooden Kopp un füng an to stöötern: »Jä, Herr Dokter, hm, hm, jä, hm – weetens, Herr Dokter, mit das Geweih, mit dat Geweih, jä, mit dat Geweih, dor bün'k böös mit to Spill koomen. – Dat schöne Geweih, dat hett de Katt opfreeten!«

Akrobat schöön …

De Wallach buckt;
dat kanns jo sehn.
Wenn dat man good geiht?!
Hier Bild een.

He stoppt.
De Rieder hett dat hild
un will nich.
Nu dat tweete Bild.

Een »Turn-Ass« büst du nich. Nee nee!
Un warrst ok keen. Bild Nummer dree.

Bild veer, – de Rieder dä mi leed –,
dat he'ck nich moolt. Ut Pietät . . .

De Voß

De Drievjacht schall losgohn. Ober noch stoht se all bi den Dokter, 'n Afkoot ut'n Nooberdörp, un bekiekt sick sien neet Gewehr.

Fiefmool kann'n dormit scheeten – so achternanner wech, ohn nohtolooden. Un de Afkoot is bannich stolt op sien Scheetdings.

Nu is de Jacht all'n düchtige Tied inne Gangen, dor neiht twüschen den Dokter un een vun de Driewers 'n grooten Hoos aff. De Dokter ritt sien Flint anne Back un ballert achteran. Een-, twee-, dreemool. Ober de Hoos is all to wied wech. Verjoocht hett he sick – ober affkreegen hett he nix. Na, loot em!

As de Dokter sick argerlich ümdreiht, löppt'n Voß den sülben Wech. He weller sien Flint hoch, ober tick – nix. So'n Schiet ober uck!!! Dat Wunnerdings weer leddich, he harr jo dreemool op den verdreihten Hoos un tweemool all vörher schooten.

Mann o Mann, wat argert he sick.

As se nu Oobens alltohoop bi Gröönkohl un Pinkel sitten doot, dor dreiht sick Hinrich, 'n öllern Buur, de jümmers een in Sinn hett, no den Afkoot rööber un secht mit sien hooge Stimm, un dat hööрt sick jümmer so an, as wenn he singen deiht: »Du, Walter, de oole Voß, de harr di woll meist in'n Steebel meegen . . .«

Peerkööpen

An den Pries, de door glieks kummt, markt'n all, dat düsse Geschicht oorich lang her is.

Dicht bi Dorum hefft de bein, Ernst un Eibe, jemmer Hööf. Un Ernst un Eibe de mookt nich bloots ehr Bueree, nee, se hannelt ok mit Ossen un Koih un Kalber un, wenn sick dat grood mool good dröppt, mit Peer. – Wenn se billich an Ossen rankoomt, de nich so recht wat op de Rübben hefft, denn kööpt se de un joocht se op jemmer Wischen. Door freet de sick denn dick un drall. In'n Harwst goot se to'n gooden Pries weller wech un koomt in de Wust.

Eens Doochs loopt Ernst un Eibe sick öbern Wech un sünd ok glieks an't Snacken. Se harrn sick 'n poor Wecken nich to sehn kreegen, un so gifft dat wat to vertellen. Dat wichtichste hefft se nu secht un wüllt uteneen gohn. »Töövt mool, Ernst, in'n Oogenblick he'ck man weenich to doon, un di geiht dat woll jüß so, dücht mi. Denn so loot uns düsse Dooch man mool 'n lüttje Tour mooken mit'n Rad un Ossen kööpen, wenn wi door good rankoomen köönt. Wo is't mit morgen?«

»Good, Eibe, Klock sööben. Schüüß!«

»Schüüß – gröö t Erna!«

Annern Morgen Klock sööben stiegt se op jemmer Rööd un pedd denn jo los. Veel sengen doot se nich, is ok noch too fröh. »Oosten Wind hüüt« – »Jo« Un so föhrt se denn de Geest ropp.

As se nu son halbe Stünn ünnerweegens sünd, koomt se an een Hoff vörbie, wo'n poor Peer op de Hoffsteed groost »Du«, meent Ernst, »Peer wullt du doch ok kööpen, wenn du door rankummst. Versöök dat doch ins hier bi Meyer, ick heff nüülichs mool höört, wat he'n poor Enter verkööpen wull!«

»So?« Un se böö cht bi Meyer op'n Hoff ropp. Meyer is jüß in sien Swienstall an't Utmesten, un dat stinkt vör Gewalt, – un Meyer ok.

»Flietich?«

»Jo. – Na ji bein. Ji wüllt Ossen kööpen, hä? Door harrn ji'n poor Dooch eeder opstohn müsst. Nu sünd se wech! – Peer jo, Peer de köönt ji kriegen, twee Enter. Prima. Sünd good bi Schick. Ward beste Geschirrpeer!«

Bi dit Anpriesen kricht Meyer richtich gleunige Oogen in sien man teemlich langwielich Gesicht, un sien Hannen kricht he dorbie ok ut de Tasch.

»Jä, ick weet nich recht«, meent Eibe, »mit Peer door is dat opstunns man oorich slecht in'n Hannel; door botters noch wat to.« Un he mookt truurige Oogen un lett de Piep, de he jümmer inne Snuut hett, – meist is se koold, – hangen. »Ober wi sünd nu jo all hier, denn wies uns ins dien Wunnerpeer.«

Meyer vörwech, de bein annern achter ran op de Wisch no de Peer.

»De Bruune un de bunte Voß!«

»Jo, ick seh«, meent Eibe, »de annern sünd jo all öller.«

»Is'n besten Stamm«, secht Meyer, »un pedden köönt se ok düchtich.« un he hißt jem an'n Grooben langs.

»Na na!« meent Eibe, »du sech ins, wat wullt du door denn för hemmen?«

»So'n Duusendveerhunnert!«

»Duusendveerhunnert, hm, duusendveerhunnert för de bein ...«

»Wat, för de bein, för eenen!!!« kummt Meyer inne Brast. Junge, wat is he fuchtich un kricht 'n rooden Kopp, so fünsch is he; un denn, wat sinniger, kickt he Eibe vun de Siet an »duusendveerhunnert för de bein . . .?« as wenn he sengen wull ›du spinns jo woll‹.

Eibe dreiht sick üm, as wenn he gohn will un brummelt in sien Boort: »För eenen veerteinhunnert!«

»Jä«, secht nu Meyer, »wenn du meens, wat dat'n beeten too veel is . . .«

»'N beeten is good, veel to veel is dat!« antert Eibe, »ick bün doch keen Krösus.«

Mit Krösus door kann Meyer nu weller nix mit anfangen: »Jä, denn sech *du* mool wat!«

»Neegenhunnert för eenen, dat is mien letzt Bott!«

»Nich mool tweeduusend für de bein gooden Peer, du büst je woll mall – büst du jo!« gnurrt Meyer. Un so tüffelt de dree, Meyer vörwech, de bein annern achter ran, vun de Wisch.

An't Heck, Meyer knütt dat weller fast to mit'n Reep, meent he denn: »Tweeduusend, denn hest jem!«

»Good, tweeduusend! Affmookt!« un he hollt Meyer sien groote Hand hen. De sleiht in.

Dat süht Meyer sien Froo un dat »Tweeduusend« dat hett se woll ok mitkreegen. Se kummt anbirrst un fuutert för Gewalt: »Büst du denn unklook, Meyer!!!« Wenn se füünsch is, secht se jümmers Meyer to ehrn Gustav, »de schöönen Peer för tweeduusend. Bloots duusend för eenen. Tweeduusend lumpige Mark für düsse wunnerbooren Enter! – Hollt stopp, dat Geschäft dat gellt nich; ick heff door ok noch'n Woort mit to sengen, höört ji?!!«

»Jo, wi höört, man bloots wi mööt wieder, hefft uns all veel too lang opphollen hier, un de annern Ossen luurt op uns!« meent Eibe un hett sien Steert allööber'n Sootel vun sien Rad. »Minsch, Korl, nu loot uns bloots fix affhaun, ans kaut dat oole Wiev uns noch glatt den Strängen döör.«

Sehr guter Charakter . . .

Den Grooben!!! – Too loot harrn's em sehn.
Un nu seet de Rieder alleen
in't Gras op'n Steert.
Door greep em sien Peerd –
un klemm em sick twüschen de Tähn.

De Wall

Bet hier hen güng dat allens krall.
Nu stoot se booben op'n Wall.
De beiden dinkt sick: »Nu is't all! –
Un door hendool? Sünd wi denn mall?
Wi froocht uns würklich, wat dat schall?
Wi leevt! – Wi sünd keen Gummiball!
Un woocht wi't doch? – Denn gifft 'n Knall!!!
Un beide ried wi dood in'n Stall ...«

Dat Wunnerdeert

De Drievjacht in't Moor un op de Geest is ut. De Jachtgesellschop steiht tohoop un snackt öber den schönen Dach. Welke, de'n beeten mööd vun de Looperee sünd, hefft sick doolsett. Ober een, de hett dat bannich hild. He is dorbi, 'n Hoos, den'n Cuxhobener schooten hett, to präpareern un to verschönern. De ut Cuxhoben, dat is'n Klookschieter. Den mach he nich lieden un will em nu so'n Lütten bipuhlen.

Mit'n Bohrer is he dorbi, den Hoos twee Löcker twüschen de langen Ohren booben in'n Kopp to dreihn. As he dat kloor hett, grippt he in sien Tasch un fummelt door twee Kreevscheeren rut, de he vörher all' beeten bruun anmoolt hett. Un nu stickt he de rin in de lütten Löcker.

De Kreevscheeren harr he in'n Huus to lingen hatt, de harr he sick fröher mol anne Siet packt. Keen wüß, wat'n de nich noch mool bruuken kunn. Un alle Dooch kummt 'n jo nich in't Wurster Watt un grippt sick'n Dwarslööper.

Hüüt is dat nu sowiet!

»Süh, mien Hoos lett good«, dinkt he, as he em – so mit twee insette Höörn – mank de annern packt.

No'n Tied, se harrn vörher noch'n Lütten nohmen, grabbelt se all jemmer Hoosen un wat se all schooten harrn, uteneen.

»Wat hess dor denn, Minschenskind? – Wies ins! – Nee so wat! – Kinners, koomt mol all fix her! – Hier hett een doch glatt'n ›gehörnten Hoosen‹ schooten!«

Un nu wüllt se sick all dat Wunnerdeert bekieken. Wat is dat för'n Lachen un Höögen. Un all weet se Bescheed.

Bloos een, de weet dat nich. He is Reporter vunne Zeitung ut Dorum. Un den leecht se nu ganz oosich wat vör.

Un de een weet dit un de anner weet dat, un höört harrn's dat all mol, ober to sehn kreegen harrn's dat all noch nich.

Un so güngt nu hen un her. Un de Jägerslüüd kunnen sick nich weller inkriegen – Jo, aff un an keem't jo mol vör, wat dor een Stangen tüschen de Ohren wassen dä; man so as hier, gliek twee Höörn, so wat, nee so wat dat geev dat villicht in hunnert Johren eenmool, un denn weern de Höörn uck meist veel lüttjer un lang nich so bruun as de hier.

Düssen Hoos, denn schull'n man glatt utstoppen looten för inne Stuuv oder beeter noch för in'n Jachtmuseum oder so wat.

Den Dach dornoh ganz fröh geiht bi den Dokter, em höört de Jacht, dat Telefon. An'n annern End de »Wurster Zeitung«. »Herr Dokter, haben gehört, bei Ihnen auf der Treibjagd gestern große Seltenheit erlegt, ein gehörnter Hase!«

Dor stoppt de Dokter den op de anner Siet vun den Droht: »Nu setten Se doch bloos düssen Tühnkroom nich int Blatt. Dor hett eener Undööch mookt.«

Op dit Dementi hen kummt düsse schöne Sook nu nich swatt op witt. Schood, nich?

Ober twee Dooch looter steiht dat doch inne Zeitung, 'n poor Mielen wieder wech, inne Ooterndörper. Wo dat door nu rinkeem, door froochs mi toveel.

Ober dat hett sick de Dokter denn doch utschneeden, un lange

Johrn, sogoor den Kriech döör, hett he dat bi sick inne Breeftasch hatt. Opletz is't denn doch verschütt gohn.

Un wat dat nu nich noch mol weller fleuten geiht – dorüm he'ck dat opschreeben.

O ha!

De Geschicht, de ji door jüß leest hefft, de vun lütt Matten mit de Höörn op'n Kopp, de is wohr ween.

Jä, un dit hier, dat heff ick bloots so moolt, as wenn dat wohr ween *kunn*. Kann dat ober nich.

Tellt ins de Ennens vun dat Geweih, wat de ool Hirsch op'n Kopp hett. Tweeuntwintich. Jewoll! – Tweeuntwintich, – un dat hier bi uns. Nee! All dat annere op dit Bild, dat kann meist angohn. Mann, tweeuntwintich Ennens. – Dat nich!

De Wett

Se seeten in'n Stall, de dree Peervizen Odi, Peter un Ziethen. Odi heet eegenlich Adolf. Mann düssen unmoodeern Nomen sä keen Minsch to em. Keen heet denn nu noch Adolf? He weer de öllst Söhn in sien Familje. Un de Öllst, de heet jümmers Adolf. So is dat nu mool op jemmer Hoff. Sien Vadder un sien Grooßvadder, de heeten ok Adolf. Adolf harr roode Hoor. Dat verarv sick jüß so as de Adolf. Sien krummen Been ok. He weer jümmer an'n Grienen, Odi. Mann dat seech bloots so ut. Ok op'n Finanzamt grien he. Un door gifft dat nu jo würklich nix to lachen. Un'n Lüchtnees, de harr he ok.

Peter, de heet so un ward ok so roopen. Sien Mudder harr den Noomen Peter so geern. Un sien Vadder harr em ok geern to hemmen! Peter harr groote Hannen un noch gröttere Fööt. Groote Ohren harr he ok. Un de stünnen denn ok noch piel aff no de Sied ünner sien kruuse, bruune Hoor. Seegelfleegerohren. Mann dat höör he nich so geern.

Ziethen, eegenlich heet he Wolfgang. Door kann'n Plattdüütschen nu jo nix, ober ok goornix mit anfangen, mit Wolfgang. Ziethen weer so'n ganz grooten Langen. De oole Ziethen vör tweehunnert Johren, Rieder-Generool bi Friech den Grooten vun Preußen, de harr wiß anners utsehn as düsse lange Jung. Bloots mit Peer, door harrn de bein dat mit, de oole, lüttje un düsse junge, lange Ziethen.

Den Noomen, jä den harr je all'n poor Johren. As he föfftein weer, door harr he op so'n Dörpturnier mool'n Rennen wunnen. He seet op so'n lütten Swatten, de wiß loopen kunn. 'N beeten Vullbloot seet door in. Mann, he weer bi dat Rennen mang de annern Peer, de door mitleepen, inklemmt un kunn door nich rut. Mit'n mool harr he vöör sick'n Lock. He door döör! Un kreech de bein eersten, de wied vör em weeren, noch in, un birrs an jem vörbie. He harr wunnen!

Un door meen denn een vun de oolen Buurn, he weer'n poor Johren op de höögere School inne Stadt ween un harr door wat vun de preußische Geschichte mitkreegen: »Junge, Junge, de op den Swatten, de keem door anneiht as Ziethen ut'n Busch!« Süh un siet de Tied harr Wolfgang den »Ziethen« an'n Hals. Weh dä em dat nich ...

De dree weern so wat bi achtein, neegentein Johr oold un harrn sick op dit gröttere Tournier, wat door nu inne Gangen weer un twee Dooch duur, mool weller droopen un harrn sick düchtich wat to vertellen.

Un wat deit'n, wenn'n dat achter sick hett, dat Vertellen? Un wenn't düüster is, un de Peer jemmer Hackels un Hoobern kaut, wenn allens mookt is, de Peer putzt, dat Geschirr un de Sootels flickt un wienert sünd, de Peermest vöör de Döör is, wo he henhöört. Wenn allens kloor is, wat deiht'n denn? Man speelt Skoot!

Un bi't Mischen dor kummt 'n doch weller in't Snacken un Vertellen. Denn lett'n den Dach noch mool weller an sick vörbiloopen, un dat »wenn de man« un dat »wenn dat man«, un dat »de harr man leeber«, all dat, dat harrn de dree bi'n Wickel, un se kreegen gleunige Oogen oder mööken 'n Fliep, je nodeem.

»Jä, Ziethen, dat will'k di sengen, dien oosigen Wallach, de hett dienen Scheff jo böös inne Schiet sett; hett em man eenfach so affsmeeten, as de sick door goor nich för harr. De hett je woll sien Nücken, jo'n Voß?« »Nücken hett de nich; Charakter hett de!« meen Ziethen un he betoon Charakter. »Hest nich sehn, wo Beekmann – he sä to sien Chef eenfach Beekmann, »wo Beekmann em'n poor rööbertrock, eenfach so. Ick harr em ok affsmeeten. – Mann, ick bün jo keen Wallach.«

»Nee, dat büst nich. Fang an!«

»Achtein, twintich« sä Ziethen. Un dit Spill, dat sett he weller in'n Sand un arger sick. Nu seet he noch deeper in'n Keller. Un dat leech nich an't Blatt; nee, dat leech an em. He harr'n slechten Dach. Un verleern, dat kunn he ok man slecht. 'N lüttje Wett, de kunn em noch retten. Wenn he se winnen dä. ...

»Ji bein« meen he denn, höört to!« Un denn keek he no sien Wallach rööber, de door vöör sien Krüpp stünn, den Kopp hangen leet un vör sick hen döös.

»Mien Wallach dat is 'n ganz sinnigen, ok wenn ji dat nich glöövt«, fung Ziethen an. »Wenn de sick henpackt, denn krichs em nich so licht weller hooch. Denn kanns bi em op'n Liev glatt Skoot speelen. Wenn de eers lich, denn licht he.« »Du büst jo verrückt!« grien em Peter an »de wille Buck!« »Wüllt wi wetten«, reep Peter. Eh wat de de Koorten opn Rüch hett, steiht de all weller op sien veer Been!«

»Wolang schall de denn lingen blieben, de Voß?« frööch Odi, »bet du ut'n Keller weller rut büst, Ziethen. 'N poor Dooch blifft de doch nich in't Stroh lingen, de Wallach, un so lang duurt dat bi dien Speeleree. – Oder wat hest du dacht?«

»Nee«, meen Ziethen, »een Spill.«

»Good«, sä Peter, »affmookt. Een Spill! Wi wüllt di jo nich too arm mooken.« Un dorbi grien he Ziethen vun de Sied so'n lütt beeten oosich an. »Nu sech em man ganz fründlich in't Ohr, he schall doch so nett ween un sick ins 'n beeten henpacken, wi bruukt em ganz nöödich to'n Skootspeelen – as Disch.«

»Tööw man, is gliek so wied«, meen Ziethen, »he lett den Kopp all hangen. Nu duurt nich mehr lang. Un wenn he licht, denn sett wi dree uns üm em rüm. Un een Spill, mehr nich!«

He harr nu doch 'n beeten Schiß, wat de Voß em de Wett noch versaun kunn. Meist harrn de dree vergeeten, wo hooch de Wett denn nu ween schull. »Twintich Mark!« slööch Peter vör, »Wenn Ziethen wunnen hett, denn krich he vun mi un vun Odje twintich Mark. Un wenn wi winnt, denn kriecht wi vun Ziethen twintich Mark – jeder!«

»Holt stopp! Wo meens dat?« anter Ziethen. »Du wullt mi doch woll nich anschieten?«

Peter kreech roode Ohren. Un Odi verbeeter dat nu so. »Twintich Mark is too veel dücht mi. – Jeder vun uns packt tein Mark hier in de Kist. Un de, de wunnen hett, kricht den ganzen Schiet.«

»Schiet is good!« grien Odi.

»Ziethen hett denn dörtich Mark ut de Kist, wenn he winnt, wat ick nich glööv, un wi bein hefft de dörtich Mark, wenn de Wallach opsteiht. Un dat deit he, wetten?«

»Wi hefft jo all wett!« lach Peter.

Jeder fummel ut sien Tasch nu tein Mark rut. Un de Kist keem dor rööber, öber de dörtich Düütsche Mark.

As wenn he markt harr, worüm sick dat dreiht, harr de klooke Wallach sick dool lecht un sien Oogen dicht mookt. Dat bunte brune Stuutpeerd links vun em un de Schimmelwallach rechts vun em de döösen ok so wat vör sick hen. »So ji bein« »nu man to«, fluuster Ziethen, »ick sett mi vör'n Buuk un ji, ji sett jo an den Rüch vun Max. Ober mookt nu nich so'n Larm, hööрt ji. Un denn bloots een Spill, een Spill. Ick sett mi op den Balken, de door twüschen de Peer bummelt. Un ji? Du Peter setts di op den Ammer, de dor steiht, un du Odi op den annern Balken. Mook em aff an'n Enn, dat do ick ok.«

Un so dän's dat denn de dree. Nu seetens. »To Peter, mischen.«

»Wo sünd de Koorten?«

De legen op de Kist, wo de dörtich Mark in weern. Peter hoch un hen.

»Peter büst du verrückt?! Sinnich – sinnich.«

Op de Toonen, de Koorten inne Hand keem he trüch un sett sick op sien Ammer.

Bi't Mischen wackel de Voß mit sien Ohrn. Un as de Koorten denn op sien Puckel to lingen keemen, dor dreih he sien Kopp un schuul. Ganz vörsichtich grabbeln de dree Jungs sick de Koorten vun den Wallach. Minschenskind dat kann je woll nich wohr ween! Ziethen keek in sien Blatt un füng an op sien Balken to rüüschen un to wackeln, so hööch he sick un grien über alle veer Backen.

Nu güng't los. »Achtein, – twintich – twee – dree – veeruntwintich«

»Passe!« reep Odi. »Nich so luut, du Pannkooken!« »Tschulligung, Tschulligung« grien Odi.

»Ick ok«, sä Peter, »ich pass ok.«

Nu reck sick Ziethen hoch, heel sick de Koorten vör de Bost, nehm de Schullern trüch un dreih den Kopp eers no Odi, denn no Peter, grien so'n beeten smeerich dorbi, kreech ganz lüttje kruuse Foolen op sien lange Nees un sä liesen, man ganz breet: »Grand«.

Peter keek in sien Korten. »Contra!!« brüll he.

De Wallach schüttel sick un drück de Vörbeen no vöörn, as wenn he opstohn wull.

»Max, ruhich, ruhich« begöösch em Ziethen. Un dat hölp. De Wallach knick sien Been weller in, un sien Kopp sack weller dool. Bloots de Oogen de möök he nich dicht. »Ree!« reep Ziethen füünsch. Nu harr he meist sülbs den Wallach hochjoocht.

He eih em öber'n Buuk: »Max, lingen blieben, lingen blieben.« Un Max bleef lingen.

Mann bi dat Spill, wat door nu affleep, door sack Ziethen sien Kopp veel mehr dool as de Kopp vun sien Voß, un sien Gesicht wörr meist noch länger, as den Voß sien.

»So, Max, nu kanns opstohn«, meen Ziethen denn ut'n deepsten Keller un geef sien Wallach 'n Klapps op'n Steert. »De Wett hefft wi wunnen, du un ick, – de Wett. Bloots den Grand, den hefft wi verspeelt, du un ick, nee ick alleen. Verspeelt mit contra un re ... Un dat leech nich an di, Max.«

Max bleef lingen. He dreih sien Kopp. In sien grooten Oogen stünnen de hellen Troonen. Un leepen em sien ruugen Backen hendool ...

Duun

Vundooch is't warm. Un bi de Hitten
hett he bilütten eenen sitten.

De Rieder süht – un dat is wohr –
no soveel Kloore nich mehr kloor.

»Los, Liese, nimm dien'n Kopp ins hooch,
good freeten hest du nu genooch!
Man too, un loot em nich so hangen!
Nu jüh, mien Deern, kumm inne Gangen!«

Du warrst di wunnern, wenn dien Peerd
dat Loopen kricht. – Dat löppt verkehrt . . .

Nanu?

»Dien Achterhand kanns mi ins wiesen. –
Ick glööw meist, du bruuks nee Iisen!«

De Rieder böös in't Wunnern keem,
as dat sien Wallach ›wörtlich‹ nehm.

Proost

»De Muur schallst du springen, – nich stööten.
Hest Bangen? – Na, denn drink ins'n Sööten!
So'n Lütten för'n Moot
deiht di un mi good.
Denn Proost!!! – Loot uns eers een verlööten ...«

’N Buck schooten

Dat, wat nu kummt, hett nix mit Peer to doon. Mach angohn, wat de, vun den ick nu vertellen will, Peer in’n Stall stohn hett, villicht is he sogoor Rieder. Mann, hier dreiht sick dat üm Jacht, bloots üm Jacht.

Obens kummt ’n Buur in’n Krooch, sett sick dool, fummelt’n Book ut de Tasch un bestellt sick’n Tass Kaffe. Un dat hett he maleev noch nich mookt. De annern Gäst kiekt sick an. Nanu, wat hett de denn?

»Minsch, Mannus, büst du krank? Kumm, drink ins’n Lütten. – Guste, loos Deern, schink em mool’n Klooren in!«

»Nee, Kinners, hüüt nich. Keen Druppen!«

»Worüm dat denn nich? Hefft ji joo weller inne Wull, du un dien Manda?«

»Dat jüß nich. – Nu loot ji mi hier man alleen sitten, ick mutt noch’n beeten leesen un ööwen.«

»Nanu, du, un leesen. Kanns dat denn?«

»Nu hollt doch mool den Sabbel. Ick heff morrn de Jägerprüfung!« Mannus keem inne Brast.

»Jä, mien besten Mannus, is de den soo swoor? Wat köönt’s di door denn veel froogen. Un scheeten kanns doch. Weers jo all tweemool Schüttenkönich!«

»Jo«, meent Mannus, »wenn’t bloots op’t Scheeten ankeem. ’N Klax mit de Wixböst! So is dat man nich. De froocht de Koh dat Kalf aff!«

»Wat froocht se denn?«

»Eers mool mutts du de Jachtgesetzen kennen, un denn den ganzen Hoochdütschen Kroom, de door so bi is: Geschosse, Patronen, – Flinten, – Büxen, ober nich de, de’n anhett, bewohre! Jä un wat gifft’t noch?

Och jo, de ool oosige Jägersprook. ’n Sprung Rehe, ’n Rudel Hirsche, ’n Rotte, wat ok nix mit Rotten un Müüs to doon hett.

Buck heet Bock, sien Froo heet Ricke un de Göören Kitze. Un bi de Schwarzkittel – nu lacht doch nich so döösich, dat sünd Swien! – Door heet dat Keiler, Bache un Frischlinge.

Jä un mit de Tähn mutts di ok utkennen. An de kanns sehn, wo oold so'n Buck is.«

»Wenn'n dien Tähn süht, Mannus, denn büst du 'n Buck vun über neegentich!« lacht Friech un haut sick oppe Been, wat dat ut de Büx man so stöövt.

»Loot Mannus doch vertellen, du Tühnbüüdel. – Loos, Mannus, nu man wieder!« secht Willem.

»Ja, wo weer'k? – Och so, ok vun de Ökelogie mutt'n wat verstohn.«

»Öke – wo heet dat?«

»Ökelogie!«

»Denn man to. – Un wat is dat?« froocht Klaus.

»Ökelogie is, wenn – jä – hm – Ökelogie is, wenn du de Jüchen vun dien Swien in de Beek rinloopen letts, so as Berni Meyer dat in'n Fröhjohr doon hett.«

»Jo, den hefft's ok jo düchtich wat opbrummt. Dat deit de wiß nich weller« secht Willem. »De heet nu jo ok ›Bernhard von der Gülle‹!« Un se hööcht sick.

»Jo, dat is sien Ökelnoomen nu!«

»Ökelnoomen? – Kummt dat door woll vun her?«

»Wo vun her?«

»Ick meen vun de Öke –, wo heet dat noch?«

»Ö-ke-lo-gie, du Dööskopp! Mark di dat mool!« schimpt Mannus.

»Ruhich, Mannus.«

»Jo, mach angohn, wat Ökelnoomen door vun kummt, vun de Ökelogie«, sinneert Friech.

»Proost, Bernhard von der Gülle!« Un de dree kiekt in de Glöös, – un de een in sien Tass Kaffe.

»Los, Mannus, nu man wieder in'n Text!«

»Jä wo weer'k?« secht Mannus, »denn mutt'n de Höörn vun de

Bück uteneen hollen, un du dröffst dat nich mit'n Geweih döörneen bringen; dat hett bloots 'n Hirsch, 'n Geweih. Wat'n Schaufler is, weet ji dat villicht?«

»Jo, een utn Arbeidsdeenst. Bloots Arbeidsdeenst gifft't all lang nich mehr, Mannus!« lacht Friech weller.

»Nee, wat Schaufler is, weet wi nich. Ober *dat* weet wi: Du – deist – uns – leed!«

»Ick dank joo!« secht Mannus. »Guste, noch'n Tass Kaffe för mi un för de Jungs door dree Duppelte!« »Jungs – is good! – Proost, Mannus« roopt se all. »Wie drückt di de Duumens!«

Den annern Obend. Mannus sitt al in'n Krooch. Dree leddige Beerglöös anne Sied. Een, half vull vör sick. Jüß soveel Kloore hett he all achter sick.

Door koomt se, de dree vun güstern, inne Gaststuuv. »Höö, Mannus, wi graleert! Büst jo all düchtich inne Gangen. Nu loot ins een springen!!!«

»Do ick. – Guste, schink in«, secht Mannus liesen.

»Nanu, Mannus, wat is mit di? Hefft's di *so* inne Kniep hatt? Hauptsook, du hest den Schietkroom nu achter di. Freus di denn nich?«

»Freus di, ji Pannkooken – *döörfullen* bün ick. – Ick spööl den Arger dool, verstoht ji!«

»Jo, dat doot wi!« un denn kiekt se sick an un secht'n ganze Tied nix. Dat »Prost« kummt ok'n beeten flau.

»Wo is dat denn nu bloots koomen, Mannus, vertell ins.«

»Jä«, meent de un kickt mit truurige Oogen een no'n annern an. Denn kippt he noch een dool, wischt sick den Boort mit de Hand aff un fangt sinnich an: »Ick harr slecht sloopen de Nacht.«

»Wat'n Wunner, dat Kaffesuupen, dat kanns ok nich aff«, meent Willem, »nu mool wieder!«

»Ick harr slecht sloopen de Nacht.«

»Dat säst all«, meent Klaus.

»Nu *loot* em doch mool!!« Jürgen is argerlich.

»So, du harrs slecht sloopen – de Nacht«, grient Friech.

»Jo, harr ich«, secht Mannus, »un door an leech dat denn je woll, wat ick nich so recht inne Gangen keem. No'n tiedlang wüß ick denn ober doch'n beeten beeter Bescheed. De annern dree, de door noch bi mi seeten, tüüdeln sick ok wat trecht. Bet op een, de wüß allens. Bloots scheeten kann de nich, dat weet ick! Aff nu an wackel de, de uns froogen dä, mit'n Kopp, wenn de Antwurt verkehrt weer. Mann, he wackel ok, wenn dat richtich weer, wat wi sän. Vun sien Wackelee kunns all verrückt warrn! – So'n goode Stünn hett he uns utfroocht.

– Dat Blaue vun'n Himmel, kann'k joo sengen. – Ick dach all, nu hest dat Dullste achter di, döör frööch mi dat Oos: Wie heißt das Geschlechtsteil des männlichen Wildschweins?«

»Un wat ick door secht heff, dat harr'k man leeber nich sengen schullt.« Mannus swicht truurich: »Door weer'k döörfullen.«

»Jä, Minsch, wi sitt hier un luurt. – Wat in dree Düüwels Noomen, wat« froocht Friech un kickt em neeschierich an, »wat hest du denn nu man bloots secht, wo dat Dings heet, dat vun so'n Swien?«

Door reckt sick Mannus piel hooch in sien Sofa as so'n Hohn un kreiht füünsch: »Keilriemen!!!«

Krimi

»Jä«, wenn dat soo is, Mimi;
'n Book he'ck jümmer bi mi. –
Hest sülben Schuld,
wenn du nich wullt.
Ick loot mi Tied bi'n Krimi ...

Stammboom

Door nütz keen Schimpen un keen Bitten;
de Voß bleef op sien Küülen sitten.

De Rieder tarr an sienen Steert.
Dat rööch sick nich, dat düüre Peerd.

De roode Wallach ›Cavalier‹
bloots höönsch ut siene Oogen plier.

He dach: »Hool du man jo dien Snuut!«
Denn steek de roode Tung lang ruut

de Voß, de’n besten Stammboom hett,
wied trüch bet »Hengst des Mohammed«.

So’n Stammboom is, dat wiest sick hier,
meist wieder nix, as bloots Popier ...

De veerbeenige Droom

Mit Beethoven harr he dat jüß nich, de junge Toscanini, ok nich mit Verdi un Puccini; de ganze Musik de weer em puttegool. He weer eerst dörtein, Toscanini, villicht keem dat jo noch, dat mit de Musik; mann, de Utsichen weern man slecht. He stünn door so wat rüm un döös, weer ok'n beeten ute Puust koomen. Mit dree annere Jungs harr he düchtich loopen müßt. Un'n halbe Stünn doornoh noch mol de sülbe Tour, nu weern se mit söß ween. Dink jo nich, nu harrns genooch loopen, nee, bewohre, se weern noch oorich an't Puußen un Jappen, door jooch'n jem all weller rut, ditmool weern's tein, tein Jungens. So'n Oort Jogging, as dat nu Mood is, dat wat de ool Jimmy Carter döör de USA so löppt. Nee, so'n Klacks weer dat hier nich. Se harrn fix ran müßt, eers de veer, denn de söß, denn de teihn. Un de Lehrers, de Öös, dat weern so scharpe Hunnen mit Knüppels inne Füüst. Wehe, wehe, wenn de Jungens nich so wullen as se, denn geev dat Schechs.

Jä, un nu stünn he door, Toscanini, kunn sick verpuußen, kunn de Kneen 'n beeten krumm mooken, den Kopp un de Ohren hangen looten, sien Oogen tookniepen, de Nees loopen looten. Wenn he wull, kunn he ok wat eeten; mann, he wull nich. So stünn he door un döös; un dach an'n letzen Summer. Door weer he 'n poor Moond anne See ween, un harr dat düchtich mit de Deerns hatt, Junge, Junge! – In't Fröhjohr, meist noch in'n Winter, door harr dat all anfungen, dat mit de Deerns. Jasonsbiene weer de eerst. Oha, wat för'n sööte Popp! Swattbruune Hoor harr se un groote gleunige Oogen. Se weer denn ober nich wellerkoomen. To'n Truuern üm ehr harr he keen Tied hatt, door weer Duftamsel all anne Reech. Un de röök so schöön. Singen, nee, singen dat dä se nich, weer oorich unmusikoolsch, wiß keen Amsel. Roode Hoor harr se, weer'n richtigen Voß, as'n so secht. – Jüß harr he de achter sick, door harr he dat all weller mit so'n Vogel: Amselmärchen. Se sweech. – Dat Märken

dat müss Toscanini sick sülbs vertellen. Se sä nix, weer woll'n beeten dumm; doorbi seech se soo plietsch ut, Amselmärchen. Un hübsche Been harr se! Jüß weer se wech, door keem door'n annern Voogel anfloogen, Weilertaube. 'N Duuv weer de nu ganz un goor nich; eers wull se em pedden, dat Oos. Ober denn würr dat doch ganz nett mit ehr. – Mimose, Fruchtmuse, Silbernelke, Chinablume, de ganze bunte Goorn ute Masch keem em nu inne Mööt. Sogoor een ute Türkei harr he mool 'n korte Tied, Suleika. Mann, mit de weer't denn doch nich so recht wat. Se kunn keen Düütsch, un Plattdüütsch all goornich. – Ok mit de, de nu keem, door duur dat nich lang. Frondirndl hett se heeten, weer all'n beeten öller un sneewitt. Mit de hett he goornich eers snackt; bayerisch, dat leech em nich. – Mit Fiorellina, jo mit de, dat weer'n annern Snack. Italjeensch, Minschenskind, italjeensch! Toscanini weer rein ute Tüüt. – Mit Ostpalme harr he jüß soveel Spooß, dat leech woll ok an ehrn gröönen Nomen. Jümmer, wenn se bi em weer, lach he in sick rin: Huddel di nuddel, de Kokusnööt. Un he meen, nu müß he jem ok plücken. Toletz harr he de Nees vull, Toscanini, vull vun de See, vull vun de Masch, un vull vun all de swatten, de witten, de rooden un de bruunen Deerns un Wiewer. Jä, un nu weer he all'n poor Moond weller to

Huus un müß no School, jeden Dach. No all dat oll oosige Lehrn un de Renneree doorbi stünn he nu hier. – Aff un an keeken frömme Lüüd eers op dat swatte Schild, wat anne Döör hung, un denn dööR de iesern Stangen hendöör no em rin. Vun buuten keem Musik den jungen Toscanini in sien Ohren. Dat weer keen Mozart, keen Bach, un ok keen Verdi, mehr so'n Oort Wagner – wat den Larm angüng. 'N halbe Stünn harr he noch Tied, 'n beeten to sloopen. Doornoh keemen se vun alle Sieden, de Lüüd, un denn weer't ut mit de Roh.

He möök de Oogen dicht, uns Toscanini, un door keem so ganz sinnich öber em so'n ganz wunnerboren Droom. Nich to glööben, so schöön weer de:

He, Toscanini, de Voß, seet booben opn Buck vun so'n oolen könichlich hannöverschen Kutschwoogen – ans harr he sick jümmer *vöör* een vun düsse swooren Dinger afftieren müßt – 'n lange Pietsch harr he inne Hannen, dat heet inne Hoofen, un vöör den Woogen leepen söß vun de oosigen Lehrers. O ha, wat müssen de pedden, he door booben harr jo de Pietsch! In den Kutschwoogen seet bramsich Aga Khan, 'n jungen Voß ut Kehdingen, he grien vergnööcht ut'n Finster ruut. Achtern stünn Graf Douglas – 'n schottschen Hannoveroner! – un puust in'n gullen Trompett, dat dat man so huulen dä. Fief mool müssen se mit den swooren Woogen de Rennbohn langs, de söß Lehrers. Sülbs Schuld!!!

Jüß weern se buuten, door keem de bruune Darwin rin in den grooten Zirkus. Merrn op't Gras tööw sien Lehrer all op em, Zukker inne Tasch. Un'n tweeten Lehrer stünn door wat rüm, de schull oppassen, dat de ool Darwin nich afhau. Un wat dä uns Darwin? Eers beedel he, bet he'n Stück Zucker harr, un as he denn wiesen schull, wat he in de letzten sööben Weeken lehrt harr, wull he nich. He lee sick oppe Rüch, reck sien veer Been piel inne Hööcht un snuuv sien bein Persetters an, se schullen nu wiesen, wat se als Beamten nich bloots sabbeln köönt und op jemmer Panschoon luurt. Eers keeken de sick 'n beeten dummerhaftich an. Mann, denn geev dat de groote Nummer! Darwin mit sien Oopen, kunns meist dinken. De een Lehrer turn an de Vörbeen, de annere an de Achterbeen. Se drücken den »Handstand« un de »Waage«, se dreihn sick as 'n Möhl in'n Storm, mool harrns den Kopp booben, mool den

Steert, mool de Been. Dat Beamten sowat trecht kriecht, – nich to glööwen; as wenn'n dröömt, drööm Toscanini. De ool Turnvadder Jahn, wat harr de sick hööcht, wenn he dat to sehn kreegen harr. Ober de weer nich door. Is woll all doot. Den Zucker, den stoppen de Lehrers sick nu sülbs inne Snuut. Dat harrn's glatt verdeent, meenen se, – un nöödich harrn's dat woll ok.
In'n strammen Galopp keem nu'n stootschen Swattbruunen anneiht, Woldemar ut Cuxhoben. Blangen em leep een vun de Junglehrers in'n Droow; un wat för een! Door kunnen de ganzen hannö-

verschen Hingsten sick 'n groote Schief vun affsnien, sowat vun Droow. Wenn de ool Woldemar sick nich booben inne Jack vun den fixen Lehrer fastbeeten harr, weer de em glatt vörbie loopen, so kunn de pedden.

Mann, dat weer rein gornix gegen dat, wat door nu keem, de Ungarische Post. Dat weer dat dullst, wat Celle hier nu to sehn kreech. De Hoofen vun sien Achterbeen in de Kroogens vun sien Ünnerlüüd achter jemmer rooden Köpp rinstemmt, so reck sick »Leutnant« piel inne Hööcht, de Nees ganz booben, 'n smeerigen Grientje oppe Lippen, de Oogen höönsch tookneepen schuul he no de Sied. As'n Leutnant seech he nu jüß nich ut, mehr as'n grooten Generool, so'n Oort Generool-Postmeister ute Pußta. Un mit düssen swooren Leutnant inne Nack müssen de bein lütten Jungs door ünner nu sowat veer fief mool üm dat Karree birrsen.

Un nu keem dat, wat jümmer ganz toletz leep, un wat de Lüüd, de door tokeeken, op de Been bringen dä: Dat röömsche Woogenrennen. Toscanini grien in'n Droom, so schöön weer dit Stück antokieken.

In'n Galopp, un in wat för eenen, neihn de veer Lehrers blangenanner dat groote Veereck langs, dat dat man so stööv. De Töögel trocken in jemmer Snuuten. Un de Töögel, de harr Lakei, 'n grooten Schimmel, de röömsche Kledoosch anharr, fast in sien Hoofen. He stünn breet in den hölten Woogen achter de veer Gestüters, de goor nich so fix Ooten döör Muul un Nees kriegen kunnen, as se eegenlich bruuken dän, bi jemmer oosige Renneree döör dat Karree. Nu weeren *se* de neen Lakaien; un he, de oole Lakai, stünn achter un ööber jem in sien Koor. Kanzeister jem un hööch sick; dat kunns richtich sehn!

As de veer nu dachen, dat dat no dree oorich lange Runnen rutgüng, trock de röömsche Hingst so gluupsch links in jemmer Snuuten, dat se nochmool de Tour pedden müssen. Un denn hau dat Oos vun Schimmel jem de Sweep veer mool wiß üm de Ohren, wat de hölten Woogen nu, as he in den letzten Dreih vun dat Karree keem, bi düsse dulle Fohrt fürchterlich dat Brummen kreech.

Un bi dit Brummen wook Toscanini op. – So'n Schiet, wat ick dat man bloots dröömt heff, dach Toscanini un kreech Troonen inne Oogen. Jungedi, 'n schöönen Droom dat weer dat denn doch! –

Dat Brummen keem ut den Stallgang, wo dat vull weer vun Minschen. Eh, dat se vun düsse Celler Hingstparood weller no Huus müssen, wullen se jem noch ins gau bekieken, de schöönen Hingsten ...

Dat Schenie

He glöövt an sick un sien Schenie,
sien Künstlerhann'n sünd nich to hoolen –
Nu geiht he an de Farv, – un wie! –
sien »Große Kuh« ganz groot to moolen.

Wenn een vun uns keen Kunst versteiht,
denn tühnt he driest un röppt: »Genioo!!«
Dat he sick nich blameeren deit.
För'n Rindveeh is dat schietegool . . .

So’n »Lüttgeist« meent, du schitts em an.
Un wenn he sick denn ansmeert föhlt,
denn suust he, wenn he jichens kann,
op em, de door mit Farv rümwöhlt.

De Koh is allns to dummerhaftich.
Luut bölkt se los: »Wat schall de Quark?«
De Mooler kippt un flücht wohraftich
wied hööger as dat schööne Wark.

De Kohkopp kickt döör't tweie Linnen:
»So seh ick ut!!!« De Mooler truurt.
Mutt soo de hooge Kunst verswinnen?
Vergeevs de »documenta« luurt.

Nu ween man nich, – du hest Genossen!
Wenn dumme Koih di nich verstoht,
vergeet jem! – Achtern Tuun stoht Ossen,
de weet, wat du ok moolst, is »Groot«.

Kunst

Door stoht se, – ehr Ooten geiht liesen.
Ehrn Kunstverstand köönt se nu wiesen.
Se kiekt in de Hööcht,
se swiecht un se swööcht,
de grooten Experten, de griesen.

Dit Bild hier he'ck för mien Fründ Heinz Schewe sien neet Book moolt. »Gedanken in Moll« heet dat. Un in dit Book door schrifft he ok wat ööber dat, wat in uns Tied so »Kunst« is. Esel in'n Peerbook? Villicht hest du recht. So'n Oort Peerd is'n Esel nu jo, – un mi dücht, ok so'n Oort Minsch.

De Dichter

He keem ut Westpreußen, Hermann Löns, un is doch een vun de ganz grooten norddüütschen Dichters worrn. – Keen Minsch hett över de Lüneborger Heid so schrieben kunnt as he. Un wat för schöne Leeder hett he mookt: Rose weiß, Rose rot, wie schön ist doch dein Mund; Es stehn drei Birken auf der Heide; Als ich gestern einsam ging; Rosemarie, Rosemarie, sieben Jahre mein Herz nach dir schrie, aber du hörtest es nie; Auf der Lüneburger Heide, in dem wunderschönen Land. Un denn eers sien »Mümmelmann«. Ick heff Hermann Löns jümmers geern hatt. Un nu, wo ick dit hier opschrieben do, he'ck mol weller sien Bööker ut mien Schapp kreegen un dor in leest. Dorbi find'n denn wat, wat'n all lang vergeeten hett un wo'n sick weller över freun deiht. Dit hier.

An die Spröde.
Gertrude, weiße Blume, was bist du so stolz.
Es wächst kein grünes Blättlein am trockenen Holz.
Die Nachtigall singt nicht in Schnee und in Eis;
die Liebe schmeckt am schönsten, wenn niemand es weiß.

Sech sülbs: Is dat nich schön?

Un denn sien korten un sien langen Geschichen, vun lütte un groote Tieren, vun Bööm, vun Planten un Bloomen. Jo, he kunn wat, weer'n ganz grooten Dichter, Hermann Löns. Und dat blifft he!

So, dat vörwech. Dat müß ick eers loswarrn. Un nu kummt dick!

He weer Reporter bi de »Nordsee Zeitung« in Bremerhoben. Un von dor schicken se em inne Heid. Sien Opdrach heet:

Hermann Löns

Bi de Hen-un-her-Föhreree kreech he inne Wietzendörper Eck Wind vun Löns ünnere Nees un harr nu 'n hitte Spoor.

Un richtich, ganz achtern in't Dörp, dor leev noch 'n ganz oole Froo, de harr em noch kennt. Dat sän's den ut Bremerhoben un wiesen em ehr Huus.

He nu je rin bi de Ool un füng glieks an: »Ick heff höört, Se hefft Hermann Löns noch kennt!«

»Hä?«

He nu'n beeten luuter, villicht kunn de ool Froo slech höörn:

»Buuten sän's mi, wat Se Hermann Löns noch kennt hefft. Is dat wohr?«

»Hä?«

Dor bölk he ehr inne Ohrn: »Se hefft Hermann Löns doch noch kennt??!!!«

De ool Froo, jungedi, dor keem se ober hoch, kneep de Oogen to, plier den Reporter an un kreih: »Hermann Löns? – Hermann Löns? – Hermann Löns, dat weer'n grooten Swieneegel!!!!«

Politik

So, un nu koomt de Sieden mit de Politik. De mööt ji nich lesen un bekieken, wenn ji door keen Lüst to hefft. – Eegenlich harr ick de jo ok tobacken kunnt, so as dat in een plattdüütsch Bremer Spröökbook weer, dat mien Mudder hatt hett. Vör de veer, fief tobackten Sieden door stünn, wat nu oorich scharpe Spröök keemen. Jä, un dat weer woll mehr för oole Tanten un för Deerns ut de höögere Döchterschool dacht ween. Mudder harr dat denn ober doch tweireeten, – glieks, dat weet ick nich –. Ehr höögere Dochterstied, de weer jo ok all too lang her . . .

Ick glööv, Bööker mit so'n »Kiek-hier-man-leeber-nich-rin«-Popier över de dullen Stücken, de gifft dat in uns liberoole Tied nich mehr. Ans harrn wi dat hier mookt, mien Verlegger un ick. Glatt.

So, ji Amatöör-Politikers, nu man hen no Bonn un Paris, no Woschinken un no London!

Brrrrr!

Kiek an, de ool Adenauer op'n Kutschbuck. – Un hier
mit de Gaulle tohoop. Nu mark ick eers, woveel Politikers ick
oppe
Peer sett heff un woveel vun jem ok ünnere Peer kommen
sünd.
'N poor vun düsse Biller he'ck ruutsöcht.
Hier sünd se!

DIE WELT. 7. 7. 62

Eerst geevt se sick militäärsch jemmer Hannen,
Napoleon de Gaulle un Otto von Adenauer;
'n lütten Grientje hefft's all opsett.

Nu fallt se sick üm'n Hals.
Napoleon sien weeken Hoot un Bismarck sien hatten Hoot fleecht achterruut.
Un de bein Peer sünd all düchtich doorbi,
sick gegensietich op'n Steert to gnaueln. –

Mit so lüttje Sooken, as dat Gnaueln hier,
kann'n de oosige Politik 'n beeten wat fründlicher mooken.

Herr Heinrich sitzt am Vogelherd . . .

DIE WELT. 17.6.59

»Herr Heinrich«, dat is Heinrich Lübke. Un as Landwirtschaftsminister is sien Vogelheerd 'n beeten anners, as de vun Heinrich den Eersten tomools vör good duusend Johren. Lübke sitt mang Oonten un Höhner. Dat Swien, wat sick an Heinrich sien Steert schüert, heff ick bloots so ut Spooß henmoolt. Adenauer as Scheff secht em op Köllsch, wat he nu »Bundespräsident« worrn is. Strauß, de op dat dicke Peerd sitt, weer Atomminister, dat kann'n an sien Hoot sehn. De mit de Flünken an'n Hoot, dat is Eugen Gerstenmaier; tomools de Bööbelst vun'n Bundesdach in Bonn.

Wieder willig (widerwillig?) am Zügel.

Strauß un Erhard, de wullen mol anners as jemmer Scheff.
Mann, denn kreech he jem vör'n Woogen,
jooch jem döör de Schiet, denn harr he jem sowied:
Widerwillig wieder willig am Zügel.

Erhard am Scheideweg

Wenn he kunnt harr, as he wull, denn harr Adenauer
1959 uns Erhard op de Bundespräsidentstroot hißt.
Erhard sien Fründen reepen tomools luut: Kronprinzen-Mord!
Erhard wull as Linkspeerd eersmool bi de Wirtschaft blieben
un denn de Kanzlerstroot langs. Dat hett he ok schafft! –

Der Geistes-Reiter

DIE WELT. 22.6.58

Ünner den oolen Tetje Heuß he'ck ›Geister-Reiter‹ schreeben. Tomools – neegenteinhunnertachunföfftich weer he je woll in Amerika un schull sick sien Ehrendokter-Hööd vun door sülbs affhoolen.

de(r) Gaulle ist störrisch

Wo ick jüß in Amerika bün; hier heff ick sien Präsident bi'n Wickel.
Eisenhower süht nich good ut op sien franzööschen Vullbloot;
de Gaulle hett sien Nücken.

Der eigenwillige König im europäischen Revier

Mit den sichersten Pferden in's Rennen

Nu weet ick nich mool mehr dat Johr.
Tomools weer weller 'n Wohl för'n Bundesdach.
Un as »Wahllokomotive« spannen de Swatten un Rooden
jemmer besten Peer vör de Siegeswoogens.
Willy Brandt hett sien Fritz Erler anspannt und deit
so, as wenn he all wunnen harr.
Erhard kricht sien oolen, swatten Vullbloot vör de Koor.
Ick glööv, de oole swatte Lokomotive harr mehr Damp.

Neuer Lenker für den alten Siegeswagen gesucht

DIE WELT 6. 1. 67

He harr de Nees vull, Erhard.
Dat Leit vun all de Peer harr sick je ok böös vertüütert.
De söß Intressen-Peer – kiek di de mool an! –
weer'n jo ok nich döörtücht.
De Warmblootpeer, de seht nu doch all öbereen ut:
Ollenborger, Hannoveroner, Westfolen, Hessen, Holsteener,
Bayern.
Kathoolsche un evangeelsche – nu meen ick Minschen –
de sünd ok nich mehr so swatt un so witt.
De sünd nu gries.
In'n Mai steech Kiesinger op.

Wir Schelmen mit dem Stift ziehen still unsere Kappe

DIE WELT 24. 4. 67

As in'n April 1967
Adenauer dootbleeben weer,
he'ck uns Teekners as so'n Oort Uhlenspeegel
op den oolen, truurigen Pegasus sett.

»Hier parke Ich!«

'N Barch Biller he'ck vun de Gaulle un de EWG.
He, de Gaulle, wull de Brieten door nich rin hemmen,
in de EWG.
Booben op sien franzööschen Wallach sitt he brammsich door.
För Wilson, den Briet, hefft's nix ööber, de bein;
bloots 'n poor Peerköödel . . .

Wenn sien Rosinante nich mehr kunn oder much,
denn kunn he jümmer noch, ehr langbeenige Donkischott,
Charles de Gaulle.
He hölp denn no. Un so harr se söß Been.
Ick weet nich, in wat för'n Johr ick jem hier moolt heff.
Mann, dat is eendoon.
So as op dit Bild hier, so seech dat Johr för Johr ut,
dat Anrieden gegen de NATO-Möhl.
Dat bleev so bi in Frankriek, as bi uns dat
Flottbeker Derby un de Dobrook.
Nu is de ool de Gaulle all lang affsteegen.
Sien Rosinante hett ok all lang ehrn letzten Hoobern freeten.
Bloots de Möhl, de dreiht sick jümmer noch.
Dat licht an'n Oosten-Wind.
Un de weiht, un weiht, un weiht, . . . un weiht.

Das neue Zweigespann

WELT 13. 10. 69

1969 keem Brandt an de Regierung.
De groote SPD möök'n Koalitschoon
mit de lüttje F.D.P.
Door heff ick mi hensett un Willy Brandt
un Walter Scheel as Peer moolt.
Keen is nu bloots dat Linkspeerd?

Uns Willy Brandt sweevt noch nich in de Wulken,
nee, he sweevt mehr över den Hingst un is wiß inne Gangen,
den Hingst mit den hannöverschen Brand
ünner den Bonnschen Brandt to kriegen.
Den Brand, den Fohlenbrand
he'ck op de rechte Oorsback moolt;
ick weet, de Brand(t) sitt links!!!

As de ingelsche Könichsdochter Anne ehrn Mark heiroden wull,
heff ick se op'n Schimmel in ehrn neen Ehestand rinhüppen looten.
Se sitt jo ok meist jümmer in'n Sootel, Anne.
Rieden deit se good!

DIE WELT 7. 11. 73

He seet nich mehr hooch booben op'n Buck, Kutscher Willy.
Sien besten Arbeidspeer güngen em döör.
De dicken Steen op'n Wech worrn noch dicker.
Un as em denn ok noch so'n ganz dicken *Hund*, Willy – op Franzöösch –*, inne Mööt keem
door leech he ünnern Woogen, uns Willy.

* Guillaume

De Biller sünd ut mien Tied as »Politischer Karikaturist« – so heet dat op Hooch – bi de »WELT« in Hamborch. 18 Johr he'ck de groote Politik moolt. As de WELT denn 1975 no Bonn güng, door wullens mi nich mithemmen. Ick heff je woll too weenich kunnt. Wat weet ick. –

Dat hier is vör de letzte Wohl 1980 ween. De Peer, wo de bein bööbelsten Mackers opstiecht, dat sünd nich jemmer eegen Peer. De hefft's sick lehnt. De roode Hamborger, dat is de mit de Eekenblöö an sien Schippermütz, de hett sien Voß vun de Holsten-Brooeree. Un de Swatte, de kreech sien Peerd vun de Bavaria ut München. De bein rooden Knappen, dat sünd Onkel Herbert un lütt Willy. Den annern swooren Ridder, de mit den Gamsboort inne Hoor, den stemmt sien swatten Krüüzridder-Knappen in'n Soodel. He hett sien Hand ünner Franz Josef, – so heet de – sien Steert. Ick glööw, he knippt em in'n Moors, so muulsch kickt he. De Peer seht so ut, as wenn se nu all wüssen, wo't utgeiht. De Roode hett wunnen!

Kommunikatschoon

Dat weer op een vun de grooten Turnieren.

De Rieder weern an't Ööwen mit jemmer Peer. Welke stünnen ok un snacken un keeken. Op den Parcours blangen an weer'n Springen inne Gangen. Döör't Radio rööpen se de, de inrieden schullen, un achterran sän's denn de Fehler un Tieden för de, de de Springeree nu achter sick harrn un nu rutrieden dän. De Peer leeten jemmer Köpp hangen, ok wenn se keen Fehler mookt harrn. – Wat versteiht so'n Peerd vun null, vier, acht, drei wegen Verweigerung, ein viertel Fehler wegen Zeitüberschreitung, un all sowat –

Een Rieder, he keem ut de Eck vun München, mach ok Frankfurt oder Stuttgart ween hebben, weer noch nich anne Reech bi't Springen un stünn nu blangen sien Schimmel un pedd vun een Been op dat annere, nich vunwegen de Küll, koold weer't jüß nich. Bi em weer't hööchste Tied ... He keek sick üm, wat door woll een weer, de sien Peerd mool för fief Minuten fasthoolen kunn. Mann bloots, sien Wallach de weer nich so ganz licht to mööten. De Rieder wenn sick nu an een, de seech ut as wenn he wat vun Peer verstünn. He weer all'n beeten öller, teemlich lang, harr'n grööne Jack an un'n grööne Mütz op'n Kopp, harr blaue Oogen, 'n geelen Boort, groote Hannen, dat kunnen sehn, wenn he se jüß mool nich inne Tasch harr. De Rieder mit sien Schimmel denn jo op den Mann loos: »Sie, können Sie, bitteschön, vielleicht meinen Wallach für einen kleinen Moment halten? Ich muß eben mal wohin!« Un doorbi heel he den Mann den Töögel hen. De neem eersmool sien Hannen ut de Tasch, denn sien Piep ut'n Mund, denn keek he den Wallach an, de em so'n beeten oosich vunne Sied anschuulen dä, un sä denn breet, ganz breet: »Bittee?«

De Rieder pett nu all'n beeten fixer vun een Been op dat annere un sä noch mool: »Ach, könnten Sie vielleicht mein Pferd einen

Augenblick halten?« De Schimmel keek jümmer noch so. De Mann nu'n beeten luuter: »Bittee?«

De Rieder, nu ok'n beeten luut, villicht kunn de Mann slecht höören: »Würden Sie mal eben meinen Wallach halten, ich muß mal ...

Wieder keem he nich, as de Mann weller sä: »Bittee?«

»Dorftrottel!« dach de Rieder, leep'n poor Treed, tüüdel sien Peerd fix an'n Tuunpohl un neih doorhen, wo he all lang harr ween müßt.

Door dreih sick de Mann, de Hannen weller inne Büxentasch, no sien Noober rööber un meen denn: »Ick weet ok nich, wat mit den döösigen Keel weer. Doorbi wull ick doch man bloots weeten, wat de ool Wallach, de mi so tücksch ankeek, bieten dä. Ick glööv, he wull mi dat nich sengen. Un ick heff em doch würklich soo fründlich froocht: »Bitt he?«

Verjoocht

He kummt vun'n Dörp, föhrt inne Stadt,
sien Peerd löppt sinnich op sien Padd.

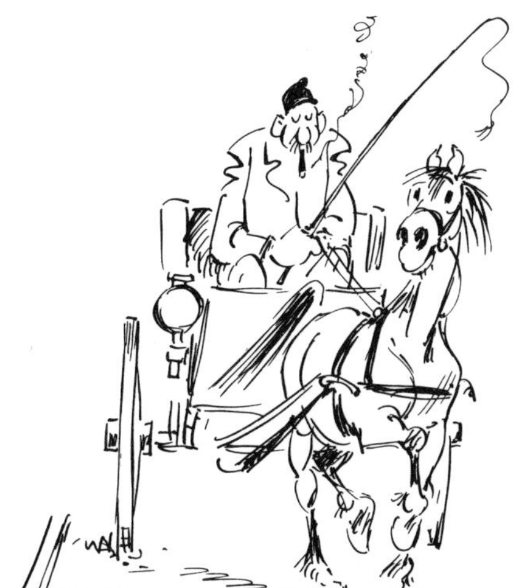

He dööst un dinkt dorbie an nix . . .
Op eenmool ward sien Wallach fix!

Bumms is he wook un ritt an’t Leit,
un süht, dat door so’n Veerbeen steiht.

Ok hett dat Dings, een Bronze-Peerd,
’n oorich grootet Lock in’n Steert.

Wenn'n Wallach nix vun Kunst versteiht,
nu sowat süht un üm sick sleit,

is kloor, dat Kunst nich jüß sien Fall.
He stoppt un peest no Huus in'n Stall.

De Flüchtlinge

Dat weer 'n poor Johren no'n letzten Kriech, door keem 'n Buur mit de vulle Bohn in Bremen an un stünn dor nu so'n beeten dummerhaftich rüm op'n Bohnstiech un wüß nich so rech, wat he nu mooken schull; he müß noch no de Elv hen. Sien lütten Kuffer, so'n oolen, ehr een as Mudder Griep em hett, harr he blangen sick henstellt un he sülbs stünn door nu ok bloots so wat rüm. 'N öllern Bremer güng an em vörbi, bleev stohn, dreih sick üm un meen denn: »Na, Noober, luert Se op de Bohn no Cuxhoben? Dat duurt noch dree Stünnen, un meist kummt se ok noch to loot, de Bohn. Se hefft Tied genooch, un ick, ick heff ok Tied. Koomen's her, ick wies Se Bremen!«

De bein muchen sick glieks lieden un so güngen's denn tohoop ut'n Bohnhoff rut un no Bremen rin. Keeken hier so'n beeten un dor so'n beeten. Denn tüffeln se de Sögestroot langs. Dat much de Buur woll lieden. Leet good, wat he door to sehn kreech. Denn höörn's sick dat Klockenspill booben vun't Dack hendool noch an un denn pettens wieter. »Hefft Se nich Lüst, mit mi in de Kunstutstellung to gohn, is schöön door«, meen de Bremer. »Jo, man to!« anter de Buur un se denn je rin in de groote Hall.

Junge, Junge, dat weer wat. De Buur reet de Oogen up. All de Biller!!! Dat weer doch wat anners as de Hirsch, de »Muh« bölkt, öber sien Sofa in'n Huus.

Vöör een groot Bild bleev de Buur nu stohn un bekeek sick dat vun dicht bi un vun'n beeten wieter wech. Dor weer'n griesen Esel op. Esel harr he man wenich to sehn kreegen, de Buur. Geev dat nich in sien Gegend. He harr neegen hannöversche Peer, good in Geschirr. Dree Vöß, twee bruune un een grooten Swatten vun Laufsport. Een Enter un twee Fohlens harr he op'n Buutendiek to loopen. Peer sünd doch 'n annern Snack as so'n moogern, döösigen Esel, dach de Buur so bi sick.

De anner mark, dat de Buur dat Bild woll lieden much.

»Jää«, sä de Bremer denn, »dat sünd de »Flüchtlinge«. Hett Dürer moolt.«

»Kiek an, düsse Flüchtlinge«, meen de Buur, »düsse Flüchtlinge! – Keen Sack op'n Liev. – Ober vun Dürer, – vun Dürer door mööt's sick moolen looten!!«

De Weltrekord

»De Weltrekord licht beeten hooch;
ick hool em, wenn ick dat man wooch.«

Dat dinkt de roode Riedersmann.
»Los Schimmel, kiek di dat ins an!«

De Rieder stellt sick op de Toonen.
Sien Peerd krich in de Oogen Troonen.

De Wallach kummt de Muur nu nööger.
Se waßt, de Muur, ward hooch un hööger.

De Rieder meent: »So mit de Tied
ward düsse hooge Muur man sied.

Wenn Du man wullt. Ick schaff dat wiß,
wenn Du man'n glatten Affsprung kriß.«

De Wallach wackelt mit'n Kopp:
»Du »Jo!«, ick »Nee!« – Wi geevt dat op!«

»Denn nich! – Dat ward – as ick dat seh –
man halben Kroom mit Jo un Nee.«

So sünd de bein ganz still verswunnen.
Den Weltrekord – *half* hefft's em wunnen.

Bella donna

Dat weer op een vun de lütten Tournieren in de Heid. Mit dree Mann stünnen se an so'n Stand, wo't Beer, Konjack, Koorn un all sowat gifft, wat'n Rieder geern in'n Liev kricht, wenn he sick vörheer opn Parcours düchtich afftiert hett. De Peer harrn's an'n poor Bööm fastbunnen. Heiner güng anne Sied, besorch sick 'n Ammer un geef de Peer wat to suupen. »De hefft dat verdeent« sä he.

»Dien jo!« reep Berni, »ober mien, den geef man nich so veel. Dat Oos hett mit affsmeeten – dat Oos dat.«

»Dat leech bloots an di, du Pannkooken. Wenn du op'n Peerd sitts, dröffst nich no de Deerns kieken – un dat in dien Öller!« schimp Heiner Berni ut.

»Proost!« sä Schorse, »mien Peerd mutt no Huus, dat Fohlen hett ok Döst.«

»Och wat«, anter Berni, »de ist jo all so groot, de Fohlen. Soveel bruukt de nich mehr. De verdöst di nich glieks, wenn de 'n poor Stünnen nich an'n Titt kummt. Blief man noch'n beeten. Nu fangt dat jüß an, good to smecken. Wullt ok'n Wust? Ick bring di een mit!« un he güng rööber, wo't de Wüst geef.

»Mientwegen«, reep Schorse, »do dat!«

'N beeten slecht Geweeten harr he denn doch. Mann, he bleef. Heiner keem trüch vun de Peer, leet sick noch een inschinken un bölk no Berni rööber: »Bring mi ok'n Wust mit. Ober nich so'n lüttje!«

Nu stünnen de dree door un kauen

»Ick weet nich«, meen Schorse, »mien Bella, wenn de dat man nich drückt.«

»Wat drückt?« frööch Heiner.

»Ick meen de Melk in't Jiller«, anter Schorse.

»Denn melk se doch, du Schoopskopp. – Nix lichter as dat« slööch Heiner nu vör.

»Dat is ok wohr!« freu sick Schorse un brüll »Bella, ick koom glieks!!«

»Wo heet se? Bella?« frööch Bernd, »Bella dat is jo 'n leidigen Noomen. Bella is'n Noomen för'n Koh, doch nich för'n Peerd.«

»Se heet ober man so«, anter Schorse, »se is ut de B-Lienje, ehr Vadder is Ballyboy!«

»Is dat'n Amerikooner, een ut de Prärie?« lach Heiner. »Nee 'n Hingst, du Klookschieter!«

»Kinners, Verdreecht jo!« begöösch jem Berni, »Prost ji bein!«

»Proost Berni!«

»Jä ick will door denn man biegohn.«

»Wo wullt du biegohn?«

»Bie't Melken!«

So güngen de dree, jemmer Glöös inne Hannen, rööber no de Peer, un Schorse füng an, achtern ünner Bella rümtostrippen. Stripp, strapp, strull in't Gras rin.

»Höör op!« reep Heiner, »is jo'n Jammer üm de schööne Melk. Un Peermelk is soo gesund!«

»För'n Fohlen jo!« lach Berni, »sech bloots , du wullt dat drinken?«

»Wiß!« sä Heiner, »kumm, Schorse, melk ins vull mien Glas!« un lang em sien leddich Glas ünnert Peerd. De stripp so'n fetten Strohl half rin in't Glas, half vörbi an't Glas. »Dat harr'k di gliek sengen kunnt, wat das Halbe vörbi geiht«, grien Berni, »so'n Peerd hett jo twee Löcker in een Titt.«

»Meens, dat weet ick nich!« anter Schorse, un he heel dat Glas nu dichter ran an't Jiller. Door güng't. »Hier, Heiner, suup ut! Proost Peermelk.« lach Schorse.

Heiner lang sick dat Glas un nehm'n Sluck, 'n lütten man. He wüß jo nich, wo Peermelk smecken dä. »Hm –« meen he denn.

»Wat heet ›hm‹? – smeckt di dat nu?«

»Jä, ick weet nich recht, smeckt man oorich wat anners as Kohmelk. Wüllt ji ok mool'n Sluck?«

»Nee, bewohre!!« grienen de annern bein.

»Ick weet wat, dat Ei vun Klumbumbus!« lach Berni »lang dien Melk, – dien Peermelkglas her! Ick schütt door'n Klooren to, un Zucker krichs door ok noch rin« un he greep in sien Tasch un fummel door'n Stück Zucker rut, wat eegenlich sien Peerd kreegen harr, wenn de em nich affsmeeten harr.

Heiner röök eersmool. »Rüükt nich slecht«, grien he un lick eersmool mit sien lange Tung so'n beeten. »Minsch, *smeckt* ok nich slecht« lach he un kipp den Kroom hendool. Schorse hau aff un keem mit dree Kloore weller. Zucker harr he sick ok insteeken – Kaffe geef dat door jo ok an den Stand.

Un nu weern de dree, so as düütsche Wienbuurn, an't Mengeleern: Zucker, Peermelk un Kööm, Un se weern oorich vergnööcht, wat se dat soo schöön kunnen. Un se wörrn jümmer vuller, un Bella wörr jümmer leddiger . . .

Wat sünd wi bloots för fixe Jungs!« jubileer Schorse.»Wi hefft dat – jä, wo heet dat denn nu, wat wi door entdeckt hefft?«

»Wo heet dat Peerd?« frööch Heiner

»Bella!« reep Schorse.

»Wo is't mit Bella Balla?« hööch sick Heiner.

»Du büst sülbs balla balla! Denn kanns ok sengen Bella Baldrian oder sowat!« schimp Schorse.

Bella, dat Melkpeerd, keek rööber no de dree. Denn weer ehr dat woll too dumm, un se harr je woll ok Wind in'n Buuk. Un se leet een suusen.

»Benehm di mool, Bella, du büst hier nich bi joo to Huus in'n Stall. Du steist hier mit oosich fürnehme Herrschaften op'n groot Tournier, du Donner!« reep Berni.

»Donner – Donner« dach Heiner. Denn wüß he't. »Oh, ick heff'n wunnerboorn Noomen«, reep he, »Bella Donner!«

»Dat muuts denn mit'n a an'n Enn schrieben, du Düütschverdarber!« verbeeter em Berni.

Dat is nich düütsch, dat is latiinsch!« sä Schorse, »dat weet ick noch vun mien höögere School.«

Bella donna? Bella donna? So bilütten keem't bi em weller. Dat harr – wat weer dat man bloots, Bella donna? Harr he dat nich in Biologie hatt? Jo, so weer dat ok, un he lach »Bella donna, dat is nix to'n Suupen. Bella donna; door geihs doot, wenn dat fritts. Un denn krichs groote Oogen.

»Groote Oogen, du Tühnbüüdel« lach Berni »woll so, as de Grooßmudder bi Rotkäppchen, wat? Damit ich dich besser sehen kann. Oder soo groot, wat di noher keen Brill mehr passen deit?«

»Nee« sä Schorse »dat Swatte ward groot, de Pupillen!«

»Pup – wat?« Berni wull sick utschütten vör Lachen.

»So, nu wüllt wi mool ophöören, dat ward too gemischt!« kreih Schorse. »Do wat, Berni, holl Bella fast!!« kommandeer he »Un du, Heiner, schuuf ins no bi mi, ick will door ropp!«

De vulle Heiner hiev den vullen Schorse denn jo ropp op dat hooge Peerd. Junge, Junge, wat dat so hooge Peer geef.

»Schüüß, ji bein Süüper!« reep Schorse vun booben dool »solang du noch nüchtern büst, kann di keen Polißei« – dat Woort Polizei leep em nich so fix öber de Tung »keen Polißei den Führerschien – affsnacken, aff – wechnehmen, wull ick sengen. – Un ji, – ji dinkt gefällichs« – dat kreech he ok nich so recht rut – »gefällichs no, wo uns Bella Donna nu richtich heeten schall! Schüß, ji bein!!«

So as Willi Schultheis seet he jüß nich in'n Sootel, as he no'n halbe Stünn op'n Hoff keem. Schorse leet sick vun't Peerd rüüschen un leet den Lütten an de Melk. »Nu man suudje, Hanzi!« begöösch em Schorse, as de Fohlen sien Hals nich vullkriegen kunn.

Schorse harr mehr as bloots 'n Lütten sitten, ans harr he nich jüß dit hier to sien Fohlen secht: »Mein klein Hanzi, ick kann di jo soo good verstohn, wat di dat soo smecken deit: Peermelk mit Zucker un Kööm!«

Sneeblind

Se seeten bi'n Fröhstück inne Stuuv, Hermann un Willem. Un leeten sick Tied doorbi. Buuten weer jüß weller 'n Sneeschuur dool gohn. So wulln se nu binnen in'n Stall 'n beeten opkloorn. Inne letzte Tied bi't Meßföören harrn's in'n Stall un in'n Huus 'n Barch lingen looten, wo se nu jo schöön bigohn kunnen, bi den Snee buuten. Hermann harr dat Blatt vun güstern vör de Nees un 'n Tass Kaffe inne Hand. Willem harr sick de Fröhstückspiep ansteeken un keek so bilööpich ut'n Finster.

»Minschenskind, Hermann, nu kiek di dat bloots ins an, de ool Richard, ick lach mi wech!«

Hermann keek nu ok. Denn schööv he den Stohl no achtern. Willem keem ut'n Sofa hooch un nu harrn de bein de Nees an't Finster un kreegen sick nich weller in, so hefft's sick hööcht. Mann, wat se door ober ok to sehn kreegen!!! De ool Richard – he harr sien lütten Hoff blangenan, un he möök allens alleen. Vör'n poor Johren weer sien Guste dootbleeben. Un sien Jungs, jo de wohnen in Hamborch un keeken bloots to Wiehnachen mool weller bi jemmer Vadder rin. De ool Richard harr maleev keen Tied. Un denn harr he noch veer Koih, twee Söögen, twee Muschis un so'n twintich Höhner. Dat Eiergeld, dat keem inne rechte Schuuv vun't Köökenschapp. Op de Oart harr he denn jümmer so'n poor Groschens bi de Hand. Mann, veel bruuken dä he nu jüß nich.

Op de Stroot döör den Snee, ok inne Nacht harrt düchtich sneet, pett de ool Richard. Ut de linke Hand kau he an sien Mettwustbroot – Mettwust eet he jümmer – den Hanschen harr he inne Jackentasch steeken, half bummel de noch ruut. Inne anner Hand harr he dat Leit vun sien Merry. Dat weer keen Stuutpeerd, Merry; nee, Merry weer'n Wallach, so'n lütten 'n beeten pummeligen Voß, 'n Mullfoot, mit helle Moonen un'n hellen Steert. Den Steert snee Richard jümmer half aff, so, as'n dat vör föfftich Johren bi de Peer dä, mit sien groote Sniederscheer. De harr he mool arvt vun sien Snieder-Unkel. Ok de Moonen snee he half aff. Un öber de Oogen kreech sien Merry 'n hübschen hellen Ponni kämmt. All de Peer vun Richard kreegen den Noomen Merry. Mann, den Voßwallach den scheer dat nich, dat mit den Wiewernoomen, un ok dat mit sien Hoor, dat weer em schietegool, Merry.

So pedd Richard nu döör den dicken Snee, sien Wustbroot inne Fuust, Merry anne Hand un achter sick 'n Woogen vull Meß, witten Meß, dat leech an den Snee de door op leech. Un booben in den Snee op den Meß door seeten een blangen de anner – as in'n Kino – sööben Höhner, un rüppeln un röögen sick nich.

Hermann un Willem achtern Finster, de wulln sick krank lachen.

Nu is dat jo so, wat de Höhner sick oorich tüffelich anstellt, wenn se no buuten in'n Snee koomt. Se sünd sneeblind, de Höhner. Nu mutt door je woll een vun düsse blinnen Höhner op den Meß vun'n Woogen roppfloogen ween, as de noch 'n beeten to sehn weer. Un wenn eerst een roppflücht, denn koomt noch mehr. Un so ist denn een Hehn no de annere hooch. Sööben Stück. Mehr passen nich ropp op'n Meß. Nu seetens bang door un woogen nich, weller dooltofleegen in all dat Witte ümtoo.

Un Willem meen: »De ool Richard is denn je woll bi't Anspannen ween, as de sööben Höhner op sien Woogen roppflöögen. Villicht sünd se ok jüß in de Tied, as he sick inne Köök sien Broot affgniedelt un vull Mettwust packt hett, booben op sien Meß floogen. Un em, Richard, den is dat goornich opfulln, wat he Gäst, Stücker sööben, op sien füürnehmen Kutschwoogen harr mit sien stootschen Lipizzaner doorvöör.«

– »Lot di dat Mettwustbroot smecken, Richard!« bölk Hermann un hau sick op de Kneen. Un den dreih he sick no sien Broder rööber: »Pass op, Willem, wüllt wi wetten, in'n halwe Stünn koomt se hier weller vöörbi, de neegen: Eers he, Richard, denn sien Merry, un denn sien sööben Höhner op den vullen Woogen. Bloots de Richt, de is denn annersrüm.«

»Meens dat?« wull Willem weeten.

»Jo, wiß!« grien Hermann, »wi köönt jo ins wetten. Ick schink uns noch twee Lüttje in. Un de, de de Wett verleert, de köfft 'n neen Buddel vull.«

»Good« sä Willem. So setten's sick denn in'n Sofa un schuulen no buuten ruut. 'N halve Stünn is'n lange Tied un so bleef dat nich bi den eenen Kööm.

Denn kunnen de bein dat Klöötern vun den hölten Woogen hören un neihn nu ran an't Finster. Eers keem Richard. Sien Broot harr he op. Denn Merry, un denn de sööben Höhner hooch booben. As Hermann sick ümkeek, weer Willem nich mehr door. Un as he weller in Sicht keem, weer he nich alleen. Ut sien Tasch keek'n grooten Buddel ruut. Klooren.

Nix to vertollen?

Holt Stopp! – An de Grenz stoht Beamten.
Se wöhlt in de Ecken un Kanten.
Pedanten vun'n Toll
de hefft jemmer Soll
un söökt ok in'n Steert noch Brilljanten.

Anscheeten!

Booben op de Geest harr 'n Buur 'n lütten Hoff. Mit fief Koih, veer Schoop un dree Swien wöhl he sick so döör. Höhner, Göös un Oonten de leepen door so blangen bi, jä, un denn harr he 'n poor Ossen un Kalber. Mann, he leev vun de Melk, un he hannel so'n beeten, in de Hauptsook mit Ossen. Bloots in de letzte Tied seech dat man slecht ut, de Priesen weern in'n Keller. Un door bleeben se je woll eersmool. Mit sien Koih keem he so langs, de Buur. Bloots de een, so'n groote Swatte, se seech no wunner wat ut, mann, mit eher Melkgeeben door kunn se keen Stoot mooken, letzt weer se ok noch dreetittich worrn. Sehn kunn'n dat nich, wenn'n dat nich wüß, un ehr Jiller seech ok ut, as wenn door schöön Melk inseet. Argerlich weer't, to ännern weer't nich.

Door keem eens Doochs een Hannelsmann üm de Eck op'n Hoff ropp. De Buur kenn em glieks weller. De Swienegel harr em vör'n poor Johren mool düchtich anscheeten, un dat harr he nich vergeeten. He harr em dat geern trüchgeben. Un em een bipuhlt, wenn't jichens güng.

»Moin, Scheff!« sä de Hannelsmann.

»Moin«, gnurr de Buur.

»Slechte Tieden, allens ward düürer. Bloots de Priesen för Ossen un Koih, de köönt gornich wieder sacken. Mann, dat helpt nix. Wi stoot door vöör, wi mööt door döör!« Dat letzt, dat weer so'n Snack vun den Hannelsmann, un he keek den Buur wehleidich an. »Hest keen Ossen to verklöpen, oder Koih?«

»Ossen nee, villicht een, twee Koih.« Kanns di jo ins ankieken, loopt achter de Schüün.«

De bein denn jo hen. Vör de groote Swatte bleev de Buur stohn.

»Jä«, meen de Mann, »jä, weeßt du, ick harr geern'n Koh för mi sülbs, to'n Melken.«

»Wenn du Melk hemmen wullt, denn mutts du *se* di kööpen«, sä de Buur, un »se«, dat sä he luut. Doorbi wies he op de groote Swatte vör jem, de so schier utseech.

De Hannel worr mookt, un de Koh güng glieks vun'n Hoff.

»Di he'ck nu ok anscheeten« hööch sick de Buur, »vun nix kummt nix; un verdeent hest dat all lang. Nu sünd wi quitt, ick un du!«

An annern Morgen keem de Hannelsmann üm de Eck bruust un schimp vör Gewalt. »Du Bedräger, du Halsaffsnieder, du slechen Hund, du! Wat hest du secht, dat weer'n beste Melkkoh! Un dreetittich is se ok!«

»Hollt stopp«, anter de Buur, »door he'ck nix vun secht«, un grien so'n ganz lütt beeten. »Ick heff bloots secht: Wenn du Melk hemmen wullt, denn mutts du se di *kööpen*!«

Düttmool sä he »kööpen« luut. Denn meen he drööch: »Un dat mutts nu je woll, di Melk *kööpen.* – Een Liter köst veertein Penn. Ober villicht goht de Melkpriesen jo ok trüch.«

Dreih sick üm, leet den Hannelsmann stohn un grien nu ganz oosich. So breet, dat sien Snuut meist an sien grooten Ohren rankeem.

Affgünstich

Links junge Deern, rechts oole Koh,
se stoht dorvör un kiekt man so
ropp op de nookte Euterpe,
de wat op Griechisch singen dä.
Se höört nich veel un wunnert sick,
wat düsse Froo ut Steen för'n Schick.
De bein, de sünd dor glieks op koomen,
woher dit Dinkmool düssen Noomen.
De Koh, de kickt nu jüß nich plietsch,
de Deern, de kickt 'n beeten niedsch.
De Froo singt luut: »Nich *Eu*ter-pe,
Eu-*ter*pe heet ick schööne Fee!«

Wat över mi

Inne Westerwisch bi Cuxhoben bün ick in'n Winter 1919 boorn un in Cuxhoben bün'k no School gohn.

De Lehrer, de mit för't ganze Leben dat meiste mitgeben hett, dat weer Heini Krebedünkel. Den harr'k de eersten veer Johren op de Jungsschool. He weer mien besten Schoolmeister.

Mozart is för mi de gröttste Minsch, den dat geef. Un blangen em sitt Willem Busch.

Wenn ick mien Biller mool, de jo meist vergnööchlich un fooken ok'n beeten vogelich sünd, denn höör ick eernste Musik. – Holt! Ick bün affkoomen vun mien Wech. So, nu bünk door weller op.

In'n Summer 1939 heff ick bi'n Arbeidsdeenst op'n Dobrook in Bovenmoor Groobens utkleiht. Denn weer'k söß Johr Suldoot as Lastensegelfleeger un no'n Kriech een Johr bi de Russen. Dornoh 'n half Johr – in den koolen Winter – Melkkonterlöör in Spiek. Dor harr'k veerunveertich henheiroot. Mien Froo is ut Spiek. Wi hefft twee Jungens. De Öllst is Lehrer in Dorum, de anner is dat in Glinde bi Hamborch. He segelfleecht, jüß so as sien Ohl. 1947 güng'k no Hamborch; ick wull Lehrer warrn – eenerwegens achtern Diek. Döör de Währungsreform weer't ut un ick bün as Teekner bi'n »Hamborger Anzeiger« hangen bleeben. As de Anzeiger tein Johr dornoh över Kopp güng, – dat leech nich an mi! – keem ick no de »WELT« un heff denn achtein Johr Biller över Politik mookt. För düsse Oort Mooleree he'ck 67 den Theodor-Wolff-Pries kreegen. Siet föfftein Johren teeken ick ok för de »Deutsche Verkehrs-Zeitung«. Nebenbi he'ck 'n poor Bööker bemoolt un vör'n poor Johren 'n Politiker Skootspill teekent.

In düsse Bööker he'ck Biller moolt: Leuchtturmwärter Tetje Twist (A. Merwick), Ostfriesen (H. Schmitz), Näpfli, das rote Blutkörperchen (H. Smolik), Verliebt in Hamburg, Aus dem Ärmel geschüttelt, Jahrgang 21, Vergnügt in Hamburg, Liebe in der Puszta, Gedanken in Moll (alle Heinz Schewe). Gedichte ohne Namen, Nach oben fallen wir nur schwer (K. H. Söhler), Scharp un sööt (G. Harte), Heil über dir, Hammonia (W. Deppisch), Hundeerziehung ohne Zwang (T. Klinkenberg), Uns Barsbüttel, Barsbütteler Zoo. (H. v. Rantzau), Bürger Müller (H. Rodemer), Kuckuckseier (H. R. Furrer) Arnes Reisen mit Nis Puk (Dierk Puls) un noch'n poor annere.

1978 harr'k sülbs 'n Book schreeben un ok'n Barch Biller door rinmoolt – de Biller weern de Hauptsook! – »Tühnkroom un Wohrheit« heet dat Dings. Letzt Johr is dat weller nee rutkoomen, – 'n beeten dicker. Un nu is dit Peerbook in de plattdüütschen Böökerloodens to kriegen. Un wenn ji, ji Rieder, un ji, ji Jägerslüüd, un ji, ji Buurn, un ji, ji hannöverschen Peer, door'n beeten Spooß an hefft, denn freut mi dat düchtich.

So, un nu seht man to, wat ji door glatt döörkoomt, döör dat bunte Book.

So süht he ut

Wat ji nu weet, wo de oole Briet utsüht, de dat ganze utfreeten hett, dorüm he'ck mi mool fix affmoolt.

Door stoh ick nu. Nich jüß in mien best Tüüch, nee, so as ick meist rümloop, mit'n Manschester-Büx an un in Holschen – Hodler Holschen, swatte. He'ck vör föffteihn Johren bi Döscher in Spiek köfft, – twee Poor glieks.

Op de Holschen nerrn is in all de Johren dat Ruuchwark jüß so fusselich worrn un utgohn, as dat Ruuchwark bi mi booben op'n Kopp.

Mien Warktüüch, den Bleesticken, he'ck in de een Hand, de annere he'ck inne Tasch – meist he'ck beide Hannen door in.

Un denn mien Appeln! Wenn'k keen Appeln heff, denn is de Arbeid man halben Kroom, – un uck dat Fuulween.

De Mööw sitt door bloots sowat rüm un vertellt mi'n beeten wat vun'n Buutendiek in Spieka-Neefeld, mach ok Cappel ween.

So, un nu mookt den Deckel man dicht. Ji sünd door döör. Schüß!

Willem Hartung

14.2.62